L'ITALIE

DEVANT LE

PROBLÈME COLONIAL

GEORGES GUYOT

Docteur ès-sciences politiques et économiques
Chargé de mission du Gouvernement français

L'ITALIE

DEVANT LE

PROBLÈME COLONIAL

Problème démographique
Émigration et Colonisation d'Outre-mer.
Généralités — Économie
Main-d'œuvre

PARIS

SOCIÉTÉ D'ÉDITIONS

GÉOGRAPHIQUES, MARITIMES ET COLONIALES

Ancienne Maison CHALLAMEL, fondée en 1839

17, Rue Jacob (VIᵉ)

1927

AVANT-PROPOS

Nous nous proposons dans cet ouvrage d'aborder l'étude de la colonisation italienne, sujet d'actualité s'il en fut, qui suscite le plus vif intérêt dans les milieux coloniaux du monde entier, à l'heure où l'exubérance croissante de sa population, sa pénurie relative de matières premières et l'esprit d'expansion qui l'anime, incite la jeune Italie à chercher dans son domaine d'outre-mer des ressources et des débouchés nouveaux.

Fidèle au principe qui nous a guidé antérieurement pour l'étude de la colonisation hollandaise, nous traiterons dans une partie spéciale le problème essentiel de la main-d'œuvre, sans laquelle, nous l'avons dit, la terre la plus fertile et les capitaux les plus abondants resteraient improductifs.

Après nous être consacré à l'exposé des méthodes appliquées par l'une des plus vieilles puissances colonisatrices, l'analyse du système élaboré par la plus jeune d'entre elles présente un intérêt de premier ordre, car elle a pu bénéficier de l'expérience acquise par les premières, pour éviter de longs et pénibles tâtonnements et adapter les procédés d'exploitation et la réglementation les plus appropriés aux conditions respectives de chaque colonie.

Cette étude de la colonisation et du problème de la main-d'œuvre dans les colonies italiennes, sera, nous l'espérons, particulièrement appréciée de tous ceux, de plus en plus nombreux en France comme à l'Etranger, qui consacrent leur activité sous une forme ou sous une autre au développement des colonies ou à la propagation de l'idée coloniale. Nous pensons qu'elle trouvera bon accueil, non seulement auprès des Ministères qui nous en ont chargé, mais également auprès de l'Institut colonial international et des divers Instituts coloniaux nationaux, des Ministères des Colonies français et italien, et de l'Office International du Travail de Genève, au moment précis où la Société des Nations a inscrit ces questions à son ordre du jour.

A un autre point de vue, enfin, notre Office du Commerce Extérieur, nos Chambres de Commerce, nos industriels et commerçants, trouveront réunis dans cet ouvrage des indications précises, des statistiques et chiffres récents, trop souvent épars dans les rapports de nos consuls ou incomplètement rapportés dans nos documents officiels, et dont ils pourront s'inspirer pratiquement.

A notre connaissance, il n'existe en effet, ni dans la bibliographie française, ni même dans l'italienne, un ouvrage d'ensemble analogue et traitant la question sous cette forme. Il n'est pas besoin d'insister sur la difficulté de rassembler une documentation suffisante dans ces conditions (1).

Nous diviserons donc notre étude en deux parties principales ; la première, après l'exposé des considérations générales sur l'expansion coloniale italienne et des rapports de la colonisation avec le problème démographique métropolitain et la politique mondiale, suivi d'un bref aperçu historique, aura pour objet les conditions

---

(1) Qu'il nous soit permis de remercier ici tous ceux qui nous ont si obligeamment facilité notre tâche, et parmi eux M. Picquenard, Directeur du Travail ; M. Sanguinetti, Consul à Rome, attaché à la Mission Economique de l'Ambassade ; le Professeur Nobili Massuero, rédacteur en chef du grand quotidien *L'Idea Coloniale* et son aimable collaborateur, l'avocat Felice Bassi ; Me Gasperini, avocat de l'Ambassade de France, frère du Gouverneur de l'Erythrée ; M. Rondaccio, haut fonctionnaire du Commissariat général de l'Émigration, et tant d'autres fonctionnaires métropolitains ou coloniaux, professeurs et publicistes, qui nous ont toujours réservé le meilleur accueil.

spéciales, l'organisation et l'exploitation de chaque colonie en particulier, la seconde sera consacrée au problème de la main-d'œuvre en soi, et
à celui de la main-d'œuvre dans les colonies
italiennes.

Rome, avril 1924.

Cannes, décembre 1926.

PREMIÈRE PARTIE

CHAPITRE PREMIER

Considérations sur l'expansion coloniale italienne. — Ses rapports avec le problème démographique et la politique mondiale (1).

La notion qui prévaut aujourd'hui dans la péninsule, si nous en croyons M. Roberto Cantalupo, Sous-Secrétaire d'Etat aux Colonies (2), est que l'Italie doit être présente en Afrique, non seulement comme puissance colonisatrice, mais encore comme acteur dans la grande lutte d'intérêts qui se livre sur le continent noir. L'opinion publique et la presse italienne soutiennent en effet énergiquement le Gouvernement dans son œuvre d'expansion coloniale et d'exploitation intégrale du domaine colonial actuel.

____

(1) Nous aborderons plus à fond cette dernière question dans la deuxième partie de notre ouvrage. V. p. 111 et suiv.

(2) Interview publiée par le *Popolo d'Italia* du 2 février 1926.

Le voyage récent de M. Mussolini en Tripolitaine a galvanisé ces aspirations. Il suffit de rappeler les paroles prononcées à cette occasion par l'homme d'Etat éminent, quelque opinion qu'on puisse avoir sur le principe et les méthodes du fascisme, qui synthétise à l'heure actuelle la nouvelle Italie : « La destinée nous pousse vers ces rivages de l'Afrique. Rien ni personne n'arrêtera le cours de cette destinée, que représente la volonté indomptable du peuple italien. »

Rappelons également la définition de « l'impérialisme italien » donnée par le Duce lui-même, dans une interview accordée à un rédacteur de l'*United Press de New-York* :

« L'importance de l'Italie parmi les autres nations d'Europe, ses grands sacrifices dans la guerre mondiale, sa population exubérante (1),

---

(1) D'après les chiffres publiés dans le n° 1 du *Bulletin du Bureau central de statistique* de novembre 1926, le mouvement de la population italienne entre 1882 et 1925 a été le suivant :

	Recensement	Population	Densité
Anciennes frontières	1882	28.459.888	99,3
—	1901	32.475.253	113,3
—	1911	34.671.377	120,9
—	1921	37.142.886	129,6
Nouvelles frontières	1921	38.710.576	124,8
—	1924	40.130.724	
—	1925	40.548.583	

tout lui donne droit à une plus grande expansion dans le monde. Il serait absurde de voir, dans de telles directives, une intention agressive. Dans l'histoire ne manquent pas les accords et partages pacifiques grâce auxquels les puissances ont réalisé un plus solide et juste équilibre entre leurs forces respectives et ont sauvegardé la paix et la tranquillité de leurs peuples. J'ai confiance que l'Italie ne manquera pas, lorsque l'occasion s'en présentera, des moyens d'obtenir par des négociations la juste part qui lui revient. Les autres peuples assumeraient une grave responsabilité en opposant une résistance obstinée aux aspirations mesurées de l'Italie, pour que soit garanti son avenir de grande puissance. »

De son côté, M. Francesco Coppola, ancien délégué de l'Italie à la Société des Nations, écrivait dans la *Tribuna* du 4 janvier 1926 :

« L'Italie, avec une population en rapide croissance, dépassant déjà celle de la France, a un territoire métropolitain inférieur de près de moitié au territoire français et pauvre en matières premières, tant alimentaires qu'industrielles. Ses colonies, inférieures peut-être vingt fois à l'empire colonial français et cent fois à l'empire britannique, sont, elles aussi, pauvres en matières premières et n'offrent pas de vastes possibilités de peuplement. Les ressources de l'Italie sont donc insuffisantes et le deviendront davantage. »

M. Coppola conclut que l'Italie, pour échapper à la ruine et à la servitude, doit acquérir ses propres matières premières et ses propres terres de peuplement, bien entendu hors d'Europe, c'est-à-dire des colonies, « un empire colonial comme l'Angleterre et comme la France ».

De ce qui précède, il ressort que le domaine colonial italien est considéré comme ne répondant pas aux nécessités actuelles et surtout futures de l'Italie.

Nous développerons d'ailleurs ces considérations au point de vue peuplement dans la partie de notre ouvrage consacrée à la main-d'œuvre.

Sans tenir compte des exagérations de certains exaltés, qu'il ne faut pas confondre avec les seuls cercles responsables et autorisés à parler au nom de l'Italie, constatons avec M. Cantalupo, que la majorité des Italiens estiment le moment venu où l'action d'outre-mer de l'Italie « peut et doit passer de sa phase territoriale à sa phase politique ».

Les revendications de l'Italie à la Société des Nations au sujet des mandats coloniaux et son opposition aux prétentions allemandes n'ont pas d'autres origines (1).

____

(1) La 10e Session de la Commission des Mandats vient précisément de se réunir le 4 novembre à Genève.

L'ampleur de la Journée coloniale italienne du 21 avril dernier, dont le programme, émané de quelques propagandistes convaincus, fut présenté par l'Institut Colonial italien et deux organes, l'*Idea coloniale* et la *Milizia Italica*, au Sous-Secrétaire d'Etat Cantalupo, doit encore retenir notre attention. Suivant de près le voyage en Cyrénaïque du prince Di Scaléa, Ministre des Colonies, et de quelques jours seulement celui de M. Mussolini en Tripolitaine, cet événement est certainement d'une haute signification politique et a fortement impressionné l'opinion publique italienne, en l'invitant à porter son attention sur les colonies.

Placée sous le haut patronage de S. A. R. Louis de Savoie, duc des Abruzzes, dont nous connaissons la compétence en cette matière, son comité d'honneur, composé de membres du Gouvernement et des Gouverneurs des colonies, comprenait notamment M. Federzoni, Ministre de l'Intérieur et ancien Ministre des Colonies et le comte Volpi, Ministre des Finances, et régénérateur de la Tripolitaine. Le comité central avait

---

Le Président de la Commission, le marquis Théodoli, ancien Sous-Secrétaire d'Etat au Ministère italien des Colonies, a souligné dans son allocution d'ouverture l'importance des travaux de la Société des Nations en matière de mandats.

sous sa dépendance, dans chaque chef-lieu, un comité local composé des autorités et des hautes personnalités locales.

La Journée coloniale fut fêtée le 21 avril, anniversaire de la fondation de Rome, et simultanément « dans quatre-vingts villes ». Des conférences coloniales furent faites devant plus de 300.000 personnes au total par des orateurs choisis. A Tripoli même, notre ami, le Commandeur Nobili Massuero, se fit l'interprète de L'*Idea coloniale*, dont il est rédacteur en chef.

Tel est le vaste effort de vulgarisation, que nous avons tenu à retracer pour attirer l'attention sur la propagande intense faite actuellement en Italie en faveur des questions économiques coloniales (1).

Avons-nous lieu, nous autres Français, de nous en inquiéter ? Question complexe, s'il en fut, mais que je crois pouvoir résoudre par la négative. Une Italie heureuse, forte et socialement équilibrée, n'est pas pour nous déplaire, nos droits acquis restant bien entendu hors de question.

Dans les circonstances présentes, toute entreprise violente de l'Italie contre le statut de la

---

(1) V. Camille FIDEL, La Journée coloniale italienne du 21 avril, dans *Mer et Colonies* de juillet 1926.

Méditerranée occidentale, par exemple, est impossible et inutile, et toute la carrière du Premier italien prouve que, s'il excelle à décider, il n'excelle pas moins à calculer.

Nous savons d'ailleurs que le Duce est partisan décidé du bloc latin complété éventuellement par l'Espagne, qui dresserait en face des blocs anglo-saxons et germano-slave une masse compacte de plus de cent millions d'habitants, et chacun sait que la France et l'Italie se complètent mutuellement au point de vue matières premières, comme au point de vue main-d'œuvre.

Sans être aussi absolu, ni aussi exclusif, mentionnons l'opinion récemment exprimée par M. Lucien Romier : « L'avenir économique de l'Italie n'est pas dans des conquêtes territoriales, qui ne lui donnèrent jamais que des déceptions. Cet avenir, il est dans la liaison qu'elle s'efforce d'établir, par une croissante marine de commerce, entre les activités de ses « colonies d'émigrants » répandues dans tous les pays du globe » (1).

Evitons donc de part et d'autre le manque de modération et de pondération que démontrent certains incidents regrettables et récents où se

---

(1) Cfr. Lucien Romier, L'Italie et la mer, *Le Figaro* du 14 avril 1926.

révélerait, si l'on voulait aller au fond des choses, les manœuvres intéressées à diviser deux nations faites pour s'entendre et collaborer pacifiquement.

Attachons-nous en premier lieu à régler tous nos désaccords partiels, d'ailleurs plus apparents que réels, en commençant par la Tunisie, où il est juste pourtant que les Italiens comprennent qu'on ne peut nous demander d'enraciner dans une terre française, de génération en génération, une population irrédentiste, et dans laquelle ils ont d'ailleurs cessé d'émigrer (1).

Il y aura lieu également de suivre attentivement, et dans le même esprit, l'évolution du récent accord anglo-italien sur l'Abyssinie.

La protestation du ras Tafari à la Société des

---

(1) Cfr. Maurice DE WALEFFE, La France en Tunisie et la colonie italienne, *Le Journal* du 3 mai 1926, et les déclarations faites par M. Mussolini à M. Jules Sauerwein et reproduites dans *Le Matin* du 15 novembre dernier, concernant le statut des Italiens dans la Régence de Tunis. Enfin le *Journal officiel* du 30 novembre et le discours de M. Berthod, député du Jura, au cours de la discussion du budget des Affaires étrangères. L'orateur demande au Gouvernement, pendant les négociations avec l'Italie, de mettre hors de discussion la Tunisie. M. Waddington donnait déjà des instructions dans ce sens au marquis de Noailles, ambassadeur de France à Rome. Il n'est pas possible, affirme M. Berthod, que la France tolère la constitution de noyaux de colonies italiennes en Tunisie.

Nations, dont l'Abyssinie est devenue membre, malgré l'opposition de l'Angleterre et de l'Italie, est encore présente à toutes les mémoires. Les déclarations de Sir Austen Chamberlain à la séance de la Chambre des Communes du 2 août 1926, comme celles du baron Avezzana, ambassadeur d'Italie, à M. Briand, mentionnées dans le communiqué du Ministère des Affaires Étrangères du 5 juillet, ont apporté l'assurance que, non seulement une coercition du Gouvernement Abyssin ou une pression exercée sur celui-ci n'avaient jamais été dans les intentions des deux puissances, mais qu'elles entendaient respecter entièrement le régime de la porte ouverte en Abyssinie et ne contester ni ne menacer aucunement les intérêts français par cet accord.

Le même communiqué annonce du reste que, indépendamment de ce problème, un certain nombre de questions méditerranéennes font actuellement l'objet entre les Gouvernements français et italien d'un examen amical.

Puisse la presse des deux pays se montrer digne de cette pondération et renoncer définitivement à des polémiques qui entretiennent un état de tension plus que regrettable, trouvent toujours des gens de bonne foi prêts à s'exalter inconsidérément, et ne répondent ni à la situation, ni à l'évidente nécessité du maintien des relations cordiales traditionnelles entre la France et l'Italie.

Terminons par ces dernières paroles du Duce : « Rien ne doit séparer la France de l'Italie ; rien ne doit nous dresser contre vous. Nous pouvons si facilement nous entendre ! Vous serait-il malaisé, par exemple, de nous témoigner votre amitié en changeant le ridicule renouvellement trimestriel de nos conventions tunisiennes en un renouvellement annuel, ou même plus espacé encore ? Croyez que des entretiens sérieux sur ce sujet me trouveraient, de mon côté, tout prêt à vous être agréable. Vous avez tant de monnaie d'échange. De la Tunisie au Proche-Orient, nous avons bien des sujets de conversation. La Syrie vous intéresse-t-elle donc au point que vous ne puissiez reconnaître notre prépondérance commerciale sur les côtes d'Asie Mineure et jusque dans les ports lointains de la Mer Noire ? Causons donc, puisque nous pouvons causer en amis ! » (1)

Ainsi précisée, la conception de l'empire italien semble se libérer de visées territoriales, et les paroles qui précèdent sont de nature à calmer les inquiétudes que d'autres paroles pourraient

---

(1) Cfr. *La Liberté* du 25 avril 1926, et interview à *l'Éclair*.

faire naître (2). Seul l'avenir nous éclairera...

____

(2) Cfr. *L'Impero* du 20 mars 1926 : « Nous n'entendons nullement guerroyer par dilettantisme. Mais il est bon de faire entendre qu'éventuellement les Italiens sont prêts à se battre pour la réalisation de leur programme colonial ». V. l'article encore plus explicite du même journal en date du 6 février 1926.

Egalement l'interview accordée par M. Mussolini au correspondant de la *Deutsche Allgemeine Zeitung* le 15 novembre dernier (nous estimons d'ailleurs que cette interview traduit trop brutalement la pensée du Premier italien) : « De nombreux peuples veulent maintenir leur possession de soleil et de terre. L'Italie croit que ces autres peuples reconnaîtront son absolu besoin de soleil et de terre. S'ils ne le faisaient pas, l'Italie serait contrainte à se faire justice « da se ». Mais je ne crois pas que les autres peuples voudront arriver à un tel heurt... »

L'Italie souhaite évidemment un « Thoiry » colonial. Le *Lavoro d'Italia* du 15 novembre commente comme suit l'interview à la *Deutsche Allgemeine Zeitung* :

« La thèse de la révision des mandats coloniaux fait lentement, mais sûrement, son chemin. Une action concordante de l'Allemagne et de l'Italie pourrait obtenir les résultats les plus rapides. »

Le traité de conciliation et d'arbitrage italo-allemand, qui vient d'être signé à Rome le 29 décembre, semble tendre à compléter celui de Locarno. On insiste officiellement sur le point que ce traité ne serait nullement dirigé contre une puissance quelconque. Notons cependant les commentaires du *Secolo*, qui déclare que « les deux puissances, froissées dans leurs aspirations légitimes, sont faites pour s'entendre, vu qu'elles cherchent l'une et l'autre des débouchés pour leurs populations surabondantes ».

CHAPITRE II

Histoire de la colonisation italienne en Afrique.

Le domaine colonial italien a son origine dans la cession consentie en juillet 1882 au Gouvernement royal par la Compagnie de navigation Rubattino de la baie d'Assab, qu'elle avait acquise peu auparavant des sultans de la Dankalie.

L'assassinat de l'explorateur Giuletti par les indigènes, qui suivit presque immédiatement l'occupation, et le massacre du détachement de marins du lieutenant de vaisseau Biglieri, souleva l'indignation en Italie, et provoqua l'envoi de deux navires de guerre dans les eaux d'Assab.

Un nouvel incident survint peu après, dans des conditions analogues ; Gustave Bianchi, chargé de mission politique, était assassiné lâchement sur la route d'Addis-Ababa. Les Italiens se décidèrent alors à occuper Beilul et, en février suivant, Massaouah, encore soumise nominalement à la souveraineté égyptienne.

Cependant cette occupation n'était pas autre chose qu'un pas en avant plus hardi, exécuté en accord avec l'Angleterre par la jeune nation récemment reconstituée et unifiée dans les régions soudanaises soulevées par la révolte des madhistes. Mais la mort de Gordon Pacha modifia le plan primitivement adopté, et l'Italie fut amenée à consolider sa situation acquise et reconnue par les puissances, en occupant les territoires voisins du port de Massaouah, avant d'assiéger la ville elle-même, que les Egyptiens évacuèrent d'ailleurs en décembre 1885 après une protestation platonique.

Ces occupations progressives n'étaient pas sans éveiller les appréhensions du roi Johannès d'Éthiopie (1), qui visait à créer un Empire solide, et plus encore celles du ras Aloula, Gouverneur de l'Amasen, qui tenta en vain par la suite de s'opposer à la prise de Saati par les Italiens.

Dans l'intervalle, la colonne de Cristofaris, encerclée par les guerriers du ras Aloula, que Johannès avait envoyés contre elle, fut massa-

____

(1) Kasa, ancien ras du Tigré, s'était fait couronner roi en 1871 sous le nom de Johannès.

crée près de Dogali dans un défilé sans issue après une belle, mais inutile résistance. Le commandant des rares survivants leur faisait présenter les armes à leurs camarades déjà tombés, avant de se lancer avec eux à une mort certaine.

Ce triste, mais glorieux épisode, eut une répercussion énorme en Italie ; l'opinion publique surexcitée, exigea la continuation de la campagne et l'envoi de nouvelles troupes, mais celles-ci se heurtèrent à un ennemi constamment insaisissable. C'est à cette époque que furent entrepris par la main-d'œuvre militaire les travaux de la ligne de chemin de fer actuelle.

Le roi Johannès fut tué à Galabat en 1889, en combattant contre les madhistes, et Ménélik II, politique habile et d'une rare intelligence, aidé dans son ascension au trône par l'Italie, lui succédait (1). Le traité d'Ucciali (2), qui donnait

____

(1) Johannès avait désigné le ras Mangana pour lui succéder.

(2) Le Gouvernement italien interpréta l'article 17 du traité d'Ucciali comme impliquant le protectorat de l'Italie sur l'Ethiopie. Mais le texte abyssin portait que l'Empereur « pourrait, s'il le voulait », se servir de l'entremise du Gouvernement italien pour ses relations avec les autres puissances. Le négus demanda vainement l'annulation de cet article et remboursa même en 1893 un emprunt fait à l'Italie. La situation devint alors très tendue entre les deux pays. Telle fut l'origine de la dénonciation par Ménélik II du traité d'Ucciali et de la guerre de 1895.

notamment à l'Italie les régions d'Asmara et de Chéren, déjà occupées par le général Baldissera, intervint alors. Mais, dès 1893, la dénonciation du traité d'Ucciali par Ménélik entraînait la rupture des relations entre l'Italie et l'Abyssinie, et était suivie d'une nouvelle guerre, dont les phases heureuses ou malheureuses sont encore présentes à tous les esprits.

Après quelques succès, la défaite d'Amba-Alaghi (décembre 1895) et le désastre d'Adoua (mars 1896), qui eut également un retentissement considérable, n'empêchèrent pourtant pas les troupes italiennes de délivrer par une pointe hardie Adigrat assiégé et de marcher à nouveau sur Adoua. C'est à ce moment que fut signée la paix entre l'Empire Éthiopien et l'Italie. Le traité d'Addis-Ababa (26 octobre 1896) abolit le traité d'Ucciali et reconnut l'indépendance absolue de l'Ethiopie.

Désormais l'Italie, toute à son œuvre de colonisation, n'a cessé d'entretenir avec l'Abyssinie des rapports de bon voisinage.

Antérieurement à ces événements, l'Italie avait également acquis en mai 1885 des droits au moins nominaux sur la Côte des Somalis dans l'Océan Indien, notamment sur les ports du Bénadir, dépendant du Sultanat de Zanzibar, et le capitaine Cecchi réussissait à placer effec-

tivement les sultanats de la Somalie septentrionale sous le protectorat de l'Italie, qui procéda
en 1892 avec l'Angleterre à la délimitation des
zones respectives d'influence des deux puissances.

La Compagnie Filonardi obtenait alors du
Sultan de Zanzibar l'administration des ports
de Brava, Merca, Mogadiscio et Uarsciech, mais
ne tardait pas à céder ses droits au Gouvernement italien dès 1893, et celui-ci à les transformer en droits de pleine souveraineté en 1896,
moyennant le rachat par les ports du tribut
annuel payable au Sultan. La Somalie fut ensuite administrée pendant quelques années par
une nouvelle Compagnie coloniale, pour être
finalement placée à nouveau sous l'administration directe du Gouvernement italien, qui la
dota d'une organisation remarquable, susceptible de faire de cette lointaine terre africaine
une colonie d'exploitation et même de peuplement pleine d'avenir.

En 1911, l'Italie menacée d'une mainmise de
l'Allemagne sur Tripoli, y envoya un corps expé-
ditionnaire, à l'occasion des difficultés suscitées
par le Gouvernement ottoman au libre exercice
de son activité commerciale en Libye. Elle ne
s'y résolut cependant qu'après s'être assurée
diplomatiquement le désintéressement de la

France et de l'Angleterre en échange de renonciations au Maroc et en Egypte.

L'histoire de la récente conquête de la Libye, ratifiée par la Paix de Lausanne (18 octobre 1912) est connue. Disons cependant que l'ordre n'y règne pas encore complètement, mais que l'Italie, après les événements de la guerre mondiale, qui eurent leur répercussion dans les deux colonies méditerranéennes, travaille à y consolider définitivement sa domination en s'inspirant des méthodes coloniales les plus modernes.

CHAPITRE III

Le domaine colonial de l'Italie.

SECTION I

ÉTENDUE ET CARACTÉRISTIQUES

Le domaine colonial de l'Italie se compose de plusieurs possessions africaines et de quelques territoires qui, sans être soumis à sa souveraineté directe et effective, n'en sont pas moins considérés comme des colonies de fait et de droit, par exemple l'île de Rhodes et les îles du Dodécanèse (avec Castellorizo), dans la mer Égée, occupées en 1911 pendant la guerre italo-turque, et la concession de Tien-Tsin, en Chine.

Au contraire, la Libye et les établissements de la Mer Rouge sont des colonies proprement dites, soumises à la souveraineté directe de la métropole.

Cet empire d'outre-mer, si modeste qu'il nous apparaisse, est pourtant la démonstration probante du rang de grande Puissance conquis si rapidement par la jeune Italie.

Limitrophe des territoires coloniaux français et anglais, sa superficie totale ne dépasse pas 2.019.000 kilomètres carrés et sa population approximative 1.650.775 habitants (1). Cependant ces chiffres ne comprennent pas ceux relatifs au « Transjuba », partie du Jubaland que l'Angleterre vient de céder à l'Italie, en exécution de l'article 13 du Traité de Londres, et dont la superficie atteindrait 91.122 kilomètres carrés, suivant l'estimation récente d'un géographe italien (2), mais sur la population duquel nous ne possédons actuellement aucune donnée suffisante.

Avant d'aborder le problème que nous nous proposons d'étudier, examinons rapidement les diverses parties du domaine colonial italien, Lybie (Tripolitaine et Cyrénaïque), Erythrée et Somalie (Somalie septentrionale et méridionale et Transjuba).

------

(1) Le chiffre de 2.250.000 habitants, que nous avons relevé dans certains documents français, paraît légèrement exagéré.

(2) A. Dardano, dans l'*Idea coloniale* (n° 7, 1924) et *Il Regno* (2 juin 1925) donne le chiffre de 120.000 habitants, alors que Stefanini (*I possedimenti italiani*) donne celui de 170.000. Il est en réalité impossible d'obtenir une estimation exacte, tant que les opérations de délimitation ne seront pas terminées.

SECTION II

LIBYE

Dans l'antiquité, cette région de l'Afrique méditerranéenne, qui s'enfonce dans le continent africain vis-à-vis de la péninsule italienne jusqu'au 30° parallèle environ, formait la Libye romaine et comprenait la Byzacène, actuellement dépendante de la Tunisie, la Syrtique, la Cyrénaïque avec la Marmarique, et à l'intérieur, le pays des Garantes (1).

La Libye ne doit donc pas être considéré comme une entité géographique proprement dite, mais seulement comme une expression de caractère générique. Aujourd'hui, en parlant de la Libye, on exclut en effet, des régions qui la constituaient autrefois, la zone dépendante de la Tunisie, et on entend communément cette partie de l'ex-empire turc soumise à la souveraineté de la Turquie avant les événements de 1911.

Occupé par l'Italie à la fin de 1911, le territoire libyque, après le traité de Lausanne (18

______

(1) MINUTILLI F., *La Tripolitania*. Bocca, édit., 1912, Turin.

octobre 1912), qui mit fin à la guerre italo-turque, fut divisé en deux provinces distinctes, la Tripolitaine et la Cyrénaïque (Décret royal du 9 janvier 1913, n° 39).

A. — TRIPOLITAINE.

§ 1. — Géographie, démographie, faune et flore.

La Tripolitaine, qui confine politiquement à la Tunisie à Ras Agir, et administrativement à la Cyrénaïque à Casr el Muchtar, est bornée à l'ouest et au sud par la Tunisie et l'Afrique équatoriale française. Cependant la frontière franco-italienne n'est pas encore précise sur la ligne Ghat-Ghadamès et le long de la crête des monts Tassili et Tummo. L'accord franco-italien de 1919 prévoit à cet égard des rectifications éventuelles à opérer sur place par une commission spéciale mixte, de façon à assurer en toutes saisons à l'Italie la liberté et la sécurité du passage dans les deux oasis.

Ces limites largement tracées circonscrivent une superficie approximative de 900.000 kilomètres carrés et renferment environ 550.000 habitants, en majeure partie indigène, à l'état nomade ou sédentaire, suivant qu'ils vivent dans un oasis, dans la zone de la bande côtière médi-

terranéenne ou en bordure des steppes désertiques.

Arabes, Berbères de religion musulmane et
de rite maléchite en prépondérance, Israélites,
constituent le fond de la population, à côté d'une
petite minorité de Maltais, de Grecs, de Maro-
cains, d'Algériens et d'Egyptiens. Les indigènes
parlent le dialecte arabo-libyque et le berbère,
et l'italien et le français dans les principaux
centres de la zone maritime. Leur alimentation
consiste essentiellement en farine d'orge et de
froment, en maïs, en riz, en dattes, en arachides,
en thé et en café, et ils font une consommation
de sucre particulièrement élevée. Leurs vête-
ments, d'allure traditionnelle, proviennent en
général de la région ou sont, pour une moindre
part, importés demi-ouvrés d'Italie, d'Egypte
et de Tunisie.

Quant aux étrangers, il existait à cette époque
en Tripolitaine, suivant les chiffres du recensement de 1921 (1), seulement 2.623 Européens ou
assimilés, mais on comptait déjà plus de 18.000
Italiens dans les grands centres côtiers, où,
comme nous le verrons, le climat est relativement supportable, malgré la proximité de la
Gefara.

____

(1) Ministero delle Colonie, *Notizie generali sulle colonie italiane*, Rome, 1925.

A la différence du Maghreb et de l'Algérie, au relief longitudinal si caractéristique, la Tripolitaine, comme la Cyrénaïque, présente des hauts plateaux très étendus, ou « djebel » (monts), qui enserrent avec la Méditerranée une vaste plaine triangulaire d'environ 13.000 kilomètres carrés, la « Gefara » (1). Cette plaine à pente légère et douce résulte de dépôts quaternaires, en grande partie sablonneux et désertiques, et se prolonge sensiblement au delà de la frontière occidentale en territoire tunisien.

De la Gefara émergent parfois des monticules calcaréo-dolomitiques, par exemple ceux d'Azizia, du Mont-Basus, etc... Le djebel (2), désigné sous des noms divers suivant les régions, est formé de roches calcaires, sablonneuses, argileuses et parfois gypseuses, disposées horizontalement, et comprend quelques sommets volcaniques. Dépassant en certains points 800 mètres au-dessus du niveau de la mer, il va en déclinant de l'Ouest vers l'Est et forme le grand amphithéâtre tripolitain, qui domine la plaine et, notamment entre Homs et Misurata, plonge ses contreforts jusque dans la mer.

---

(1) STEFANINI G., *I possedimenti coloniali italiani.* Florence, Bemporad, 1924.
(2) Mission Franchetti en Tripolitaine. Il gebel, 1913, Milan. Société pour l'étude de la Tripolitaine.

Au contraire, le haut plateau, coupé de nombreux oueds (uidian), creusé de torrents, dévale insensiblement de l'Ouest à l'Est, s'avance vers le Sud, et forme une zone intermédiaire entre la Gefara et le désert ; dans cette zone, actuellement sablonneuse et caillouteuse, constituée de roches paléozoïques et cristallines (Hammada), on relève des cotes de 1.300, 900 et 500 mètres au-dessus du niveau de la mer.

Telle est dans ses grandes lignes la conformation et la structure géologique de la Tripolitaine.

Pour compléter cette description, ajoutons que la zone syrtique, basse et désertique le long de la côte, s'élève graduellement jusqu'à celle des hauts plateaux, dans la direction du Fezzan, l'antique Fezzan.

Comme nous l'avons déjà indiqué, le climat de la Tripolitaine est presque maritime sur la côte, en raison de l'influence bienfaisante de la Méditerranée, et ne diffère guère en certains points de celui de l'Italie méridionale. Il n'en est pas de même dans la zone prédésertique, où cette influence est de moins en moins sensible, tandis que s'affirme le climat aride, chaud et désertique de la zone intérieure. Le « ghibli » ou vent du désert y souffle au printemps pendant une vingtaine de jours, vent torride, qui dessèche tout sur son passage, soulève des nuages de sable et de poussière, et doit être considéré comme la cause principale des cas si fréquents de conjonctivite granuleuse constatés chez les indigènes.

Dans ces conditions, on comprend que la faune de la Tripolitaine soit pauvre, au regard de celle de certaines régions africaines. Cependant, le gros et le petit bétail, chevaux, bœufs et moutons, est loin d'y être négligeable, et le gouvernement s'efforce de l'augmenter et de le sélectionner dans des haras et des stations de monte.

En revanche, la mer est très poissonneuse et riche en éponges. Aussi la pêche et l'industrie du thon et la pêche des éponges sont-elles particulièrement florissantes. Le produit de la campagne 1921-1922 atteignait en effet déjà 20.425 kilogrammes d'éponges. Quant aux thoneries, elles sont en plein développement depuis quelques années ; vingt-trois concessions ont été accordées en 1924, dont douze sont exploitées régulièrement, avec une production de 19.916 thons, du poids net de 11.466 quintaux, outre 15.811 poissons divers. La valeur commerciale de cette pêche a été estimée à 8 millions de lires en 1923 et à près de 10 millions en 1924. Ces résultats appréciables sont dus en grande partie à l'initiative gouvernementale, notamment à l'exemption de droits de douane sur l'huile et la laite, en vue d'encourager la préparation industrielle en boîte du thon et de ses sous-produits.

La flore est presque exclusivement localisée dans les oasis, qui surgissent partout où la couche aquifère souterraine est suffisante pour assurer la nourriture directe des arbres ou permettre le forage de puits. Elle est caractérisée par le palmier-dattier et l'olivier ; c'est ainsi qu'on évalue, dans les seuls oasis du littoral de Tripoli, de Faguiran, de Gurgi et de Gargaresc, le nombre des palmiers-dattiers à 285.000 et celui des oliviers à 60.000 environ. Cette flore compose d'ailleurs essentiellement la culture arborescente des terrains défrichés, même dans les oasis. Enfin les plantes sauvages aromatiques, oléagineuses, à écorces tannante et tinctoriale, abondent, et on y trouve également en grande quantité les arbres fruitiers et l'alfa.

§ 2. — *Organisation politique et administrative*

L'organisation politique et administrative de la colonie fait l'objet principal du décret-loi royal du 1er juin 1919, n° 931, qui promulgue les « dispositions fondamentales pour l'organisation de la Tripolitaine ». Ces dispositions forment ce qu'on appelle communément « le statut de la Tripolitaine ».

Ce statut comporte avant tout la création d'une naturalisation italienne spéciale à la colonie, distincte par conséquent de la métropolitaine, et basée à la fois sur le *jus loci* et sur le *jus sanguinis*.

Les citoyens italiens de Tripolitaine conservent leur statut personnel et successoral, et la liberté individuelle, l'inviolabilité du domicile et de la propriété, le respect de la religion et des us et coutumes locaux, leur sont garantis dans la limite des lois d'ordre public, ainsi que l'exemption du service militaire obligatoire, l'usage de la langue arabe dans les écoles primaires, à l'exclusion pour les musulmans de l'enseignement de principes contraires à leurs croyances.

Les citoyens libyens peuvent, sous les réserves formulées par ce décret, acquérir la nationalité italienne.

Le Gouvernement de la colonie réside à Tripoli, avec à sa tête un Gouverneur civil, qui assume tous les pouvoirs civils et militaires et exerce le commandement en chef des forces de terre et de mer dans le ressort de sa juridiction.

Le Gouverneur est assisté d'un Secrétaire général, le plus haut fonctionnaire après lui, qui administre la colonie en son absence et commande les troupes. Le premier dirige les services politiques et administratifs, le second dirige les services militaires et, est de plus, personnellement responsable des opérations militaires ordonnées par le Gouverneur.

Sous la dépendance immédiate du Gouverneur se trouve également l'officier supérieur commandant les forces navales.

Cette organisation est commune aux quatre colonies italiennes.

Les Affaires civiles sont gérées par la Direction des Affaires civiles et politiques et par celle des Affaires économiques. Le contrôle financier est assuré par un Service de comptabilité. Enfin un Office de colonisation poursuit la mise en valeur de la colonie, étudie les projets s'y rapportant et en surveille l'exécution.

Suivant les dispositions statutaires fondamentales, la Tripolitaine a été dotée d'un Parlement, mais cette Assemblée, en raison des conditions dans lesquelles s'est trouvée la colonie après leur promulgation, n'a pas encore été convoquée.

Le Parlement est chargé de la confection des lois dans la mesure où ce pouvoir lui a été conféré par la Loi fondamentale ; la nomination des cadis lui est également réservée, mais les membres non musulmans ne prennent pas part au vote la concernant.

La législature dure quatre ans et, pendant les vacances parlementaires ou, en cas d'urgence, le Gouverneur exerce les pouvoirs, y compris celui de dissolution du Parlement et de convocation des nouveaux comices dans les quatre mois.

Sont éligibles au Parlement les citoyens italiens de la métropole résidant depuis cinq ans dans la colonie et les citoyens italiens tripolitains âgés de 20 ans.

Le Président est choisi parmi les membres du Parlement et doit obligatoirement appartenir à la religion musulmane.

Les membres du Parlement jouissent de l'immunité parlementaire, sauf le cas de flagrant délit.

Administrativement le territoire de la colonie est divisé en régions (Liuà), en arrondissements (Cazà) et en districts (Nahin), à la tête desquels se trouvent respectivement un commissaire régional (Mutashrif), un délégué d'arrondissement (Camaican) et un agent de district (Mudir).

La répartition des circonscriptions et la nomination des titulaires sont réservées au Gouverneur, le Conseil de Gouvernement entendu ;

ce Conseil est composé de membres du Parlement élus par leurs collègues.

Le Commissaire régional, le Commissaire d'arrondissement et l'agent de district président respectivement le Conseil régional (Magellis Liua), le Conseil d'arrondissement (Magellis Gaza) et le Conseil de district (Magellis Mahia), qui sont convoqués tous les trois ans.

Dans les centres habités où il est jugé possible de faire face à l'aide des ressources locales aux services essentiels exigés par la civilisation, le Gouverneur peut créer par décret une commune (Beladia), dont il fixe le territoire et la répartition en quartiers.

Les Chefs kabyles peuvent cumuler leurs attributions avec celles de chef de quartier.

A la tête de la commune, qui représente l'étape décisive de l'état semi-barbare à l'état civilisé, se trouve le Maire (Rais el Beladia), qui doit savoir lire et écrire ; il est assisté d'un Conseil municipal (Magellis el Beladia), nommé pour trois ans, et composé de six membres au moins et de trente au plus.

Dans certaines circonstances exceptionnelles, des missions administratives spéciales peuvent être confiées aux Chefs kabyles dans les limites précisées chaque fois par le Gouverneur.

§ 3. — *Justice, Cultes, Instruction publique, Législation sociale.*

L'administration de la Justice est assurée dans les deux colonies d'une manière identique. L'organisation judiciaire, appelée communément « Organisation judiciaire pour la Lybie » est contenue dans le Décret royal du 20 mars 1913, n° 239, sauf de légères modifications apportées par des décrets postérieurs.

La population de la Libye est hétérogène ; on y rencontre des nomades, des sédentaires, des demi-nomades, des musulmans, des chrétiens, des Berbères, des Tunisiens, des Grecs, des Italiens et des Maltais. Aussi, le législateur, bien qu'amené à étendre aux colonies les codes et les lois de la métropole, tempère-t-il cette extension en déclarant que leur application doit s'accorder avec les conditions locales usuelles et avec le respect absolu des religions.

Les lois sont promulguées en langue arabe et en dialecte indigène.

Pour les indigènes, le droit indigène, et par conséquent la complète liberté des rites qui a été reconnue et sanctionnée dans toutes les colonies méditerranéennes, reste en vigueur.

En ce qui concerne la législation pénale, de

même que celle relative à l'ordre public et aux exigences de la colonisation, les lois italiennes sont applicables, mais avec les tempéraments nécessaires :

En outre, dans le domaine de la loi civile, l'article 79 constitue une disposition essentielle et laisse au magistrat la faculté de modifier ou même d'annuler les contrats jugés disproportionnément onéreux pour l'indigène ou qu'il n'aurait pas consenti avec une liberté suffisante.

Cet article, écrit Mondaini (1), « synthétise l'esprit d'équité et d'opportunité de la nouvelle législation libyenne, quant aux rapports civils et commerciaux entre Italiens et indigènes ; matière particulièrement délicate dans les colonies de caractère mixte (d'exploitation et de peuplement) comme sont destinées à le devenir les colonies libyennes, par ses conséquences politiques et économiques ».

Ce principe du respect absolu des coutumes locales a également conduit le législateur à limiter, dans le statut politique fondamental, l'instruction obligatoire aux hommes seulement ; l'instruction primaire est obligatoire, alors que,

____

(1) MONDAINI G., *Manuale di legislazione coloniale italiana*. Rome, Sampaoleri, 1924.

3

pour les enseignements secondaire et supérieur, des cours spéciaux ont été institués.

L'organisation de l'instruction primaire et celle des écoles secondaires, dans lesquelles la langue arabe est obligatoire pour les matières scientifiques, a été réglementée par un décret ministériel de septembre 1922.

Enfin, pour coordonner le fonctionnement des cours moyens et pourvoir aux nécessités éventuelles, on a créé un Conseil de l'Instruction publique, qui réside à Tripoli (1).

Telles sont les mesures prises en matière d'instruction publique dans les deux Colonies.

Il n'en est pas de même pour la législation sociale. Le législateur a dû, tenant compte de la composition des populations, de leur mode d'existence et de l'état politique actuel de la colonie, limiter aux travailleurs italiens et étrangers le bénéfice de la législation sur les accidents et sur les assurances pour les vieillards et les invalides. Le monopole de ces assurances est cependant réservé aux Institutions d'utilité publique, qui, ne poursuivant aucune fin spéculative proprement dite, offrent des garanties de

---

(1) Royaume d'Italie. Ministère des Colonies. L'instruction publique en Libye de 1912 à 1923. Rome 1914. Communication faite à la Session de l'Institut colonial international tenue à Rome en avril 1924.

premier ordre pour la bonne application des lois en question.

§ 4. — *Travaux publics*.

La politique de colonisation est caractérisée en Tripolitaine, comme du reste dans les autres colonies italiennes, par un important ensemble de travaux d'utilité publique, par exemple ceux du port de Tripoli et ceux du réseau routier de la Tripolitaine (routes carrossables), qui relie les centres habités, ainsi que de nombreux forages de puits dans les oasis.

Les fouilles archéologiques sont également poussées avec activité, notamment dans la région de Leptis-Magna, la ville de Septime Sévère, qui constitue à l'heure actuelle une des plus remarquables zones archéologiques de l'Afrique du Nord.

Les centres habités ou occupés sont, nous l'avons dit, reliés par un réseau routier complet ; la longueur totale de ce réseau atteint 1.721 kilomètres, alors que celle des lignes de chemin de fer en exploitation n'excède guère 222 kilomètres, dont plus de 117 pour la ligne Tripoli-Zouara seulement.

Toute l'activité de la colonie se concentre à Tripoli, dont la population, en y comprenant ses oasis, dépasse déjà 60.000 habitants, parmi lesquels, abstraction faite de la garnison, on compte environ 12.000 Italiens.

Son port est de beaucoup le plus important et, dès le début de l'occupation, le Gouvernement métropolitain, puis le Gouvernement de la colonie, n'ont rien négligé pour son outillage et son extension rapide. Misurata vient ensuite, avec un tonnage sensiblement supérieur à celui de Homs, et accapare tout le trafic du Misuratin, alimenté en grande partie par l'industrie des tapis et des tabacs.

Les lignes de navigation qui assurent actuellement le service entre la Tripolitaine et l'Italie ne touchent pas régulièrement tous les ports libyens. Par exemple la ligne bi-hebdomadaire Naples, Messine, Syracuse, Malte, Tripoli, ne dessert ni Misurata, ni Homs, ni Zliten, où font seulement escales les bateaux de la ligne de cabotage local de Tripoli à Tobruch par Homs, Zliten, Misurata, Syrte, Benghazi, Tolmeta, Marsa Susa et Derna.

Une dernière ligne met Tripoli en communication directe avec Trieste et favorise ainsi les relations commerciales entre l'Afrique italienne du nord et l'Europe centrale ; ces relations progresseraient indubitablement si le commerce par caravanes pouvait s'intensifier entre Tripoli et

l'Afrique centrale au point d'atteindre l'impor-
-tance qu'il avait autrefois, avant son émigration
dans les zones limitrophes anglaise et française.

A l'encontre de la Cyrénaïque, la Tripolitaine
est encore reliée à la Tunisie, à Marseille et à
Hambourg par des lignes de navigation pério-
diques, qui donnent lieu à un trafic appréciable
avec la France, la Tunisie et le vaste hinterland
du port de Hambourg.

Tripoli est en outre réuni au continent euro-
péen par deux câbles télégraphiques sous-ma-
rins : Tripoli-Malte et Tripoli-Syracuse, et à la
Tunisie par une ligne télégraphique côtière par
Bengardine, qui communique également avec
Zouara par une ligne téléphonique.

Toutes les villes principales ont été largement
dotées de services postaux et d'électricité, assurés par les bureaux du Royaume.

Enfin des postes de douane ont été créés dans
les ports, au point de départ obligatoire des
caravanes.

Les recettes douanières qui s'étaient élevées
en 1913 à 3.600.000 Lires pour les importations
contre 4.000.000 de Lires pour les exportations,
ont atteint respectivement en 1922, 7.553.262
et 2.367.370 Lires.

On avait constaté en 1921 une augmentation
sensible des recettes douanières, augmentation

qui avait porté surtout sur les importations (9.301.000 Lires) ; les exportations n'avaient pas en effet dépassé 623.166.35 Lires, chiffre modeste, que l'état de guerilla presque constant dans la colonie à cette époque rend suffisamment explicable.

§ 5. — *Production agricole, industrielle et minière.*

En matière agricole, la petite économie rurale est prépondérante.

On cultive, avec le palmier-dattier, une grande variété d'arbres fruitiers, la vigne pour le raisin de table, les légumes, les herbes médicinales et surtout le henné, exporté autrefois presque exclusivement en Algérie pour la préparation de la teinture pour cheveux.

En 1922, l'exportation du henné a représenté à elle seule les neuf dixièmes de la production globale, dont 2.774 quintaux en Tunisie et seulement 379 quintaux en Algérie, contre 115 quintaux l'année précédente.

La culture des céréales est également en honneur dans l'intérieur et principalement dans le Mselata, dont les produits sont renommés ; l'olivier est plutôt répandu dans les plaines côtières et dans le Djebel.

Grâce à l'adoption de nouvelles méthodes de

culture, à la plantation rationnelle de jeunes oliviers et au perfectionnement technique du mode d'extraction, la production de l'huile a sensiblement progressé ces dernières années et suffit désormais aux besoins locaux. On espère, étant donnés l'augmentation des surfaces cultivées et les perfectionnements industriels en question, qu'il sera possible d'exporter dans un avenir prochain une quantité d'huile toujours plus considérable.

Actuellement la Tripolitaine est cependant tributaire à ce point de vue de l'Italie et de la Tunisie, de l'Italie pour environ un quart de ses importations annuelles (il s'agit des huiles consommées par les classes supérieures de la population), et de la Tunisie pour le reste.

C'est encore de Tunisie que la colonie tire le savon qui lui est nécessaire ; en 1922 les savonneries tunisiennes ont en effet expédié en Tripolitaine 3.954 quintaux de savon et les savonneries italiennes 564 quintaux seulement. Mais il n'en est pas de même pour la Cyrénaïque, qui s'approvisionne sur les marchés italiens et crétois.

La culture de l'orge, que l'on commence à employer à Tripoli pour la fabrication de la bière, est également en progrès.

Les plantations de tabac sont déjà importantes en Tripolitaine et le Gouvernement y a créé une grande Manufacture ; dès 1922, 32 hectares étaient mis en culture et 67.000 kilogrammes de feuilles consignés à l'Office des Tabacs.

Si nous passons maintenant à la production industrielle, mentionnons spécialement l'organisation coopérative caractéristique, qui dépend des divers « Amin », pour le tissage des bouracans, broderies locales de soie et d'argent, et pour les travaux d'orfèvrerie, de tannage, de sparterie, de sellerie, etc..., organisation qui fournit l'aliment essentiel au commerce par caravanes avec l'intérieur.

Pour encourager le développement et le perfectionnement de ces travaux artistiques et améliorer les conditions économiques de leur industrie, en intensifier la production et en faciliter le débouché sur les marchés italiens et étrangers, le Gouvernement a créé un Office spécial d'arts appliqués à l'industrie tripolitaine.

Parmi les industries caractéristiques, nous le répétons, de la Tripolitaine, n'oublions pas de citer celle de l'alfa, celle du tannage des peaux et enfin celle du traitement des plumes d'autruche.

En raison de l'importance énorme de l'industrie moderne de la cellulose, l'alfa présente

en Tripolitaine un intérêt de premier ordre,
comme en Algérie, en Tunisie et au Maroc, où il
occupe de vastes espaces sur les hauts plateaux
et dans des régions impropres à toute autre culture, étant données l'aridité et la sécheresse du
sol. On sait que dans l'Afrique du Nord française seulement, ces régions, dénommées « mer
d'alfa », atteignent une superficie d'environ
4 millions d'hectares.

Indépendamment de son emploi, surtout sur
place, dans la sparterie et la corderie, comme
fourrage pour le bétail et les chevaux, pour la
confection des nattes, des tapis et même des
tissus par le teillage, il est principalement utilisé, par extraction de la cellulose, pour la fabrication de la pâte à papier, de la nitrocellulose,
du collodion et du celluloïd qui en dérivent, du
fulmicoton, des explosifs, de la soie artificielle
et des films photographiques ininflammables.
On conçoit donc l'intérêt considérable de cette
source de richesse pour la Tripolitaine.

Déjà avant la guerre, l'Angleterre absorbait
la presque totalité de l'alfa brut d'Algérie et de
Tunisie, un million et demi de quintaux pour
l'Algérie seulement. Les bateaux anglais com-
plétaient leur fret lourd et peu volumineux,
constitué par les phosphates, par un appoint
d'alfa, léger et peu encombrant, à destination de

Glasgow, dont les papeteries se procuraient ainsi à prix très avantageux leur matière première, et qui, grâce aux produits qu'elles trouvaient également à bon compte sur place pour le traitement de cette matière première, charbon, soude et chlorure de chaux, étaient capables de battre en brèche l'industrie française avec des armes que celle-ci n'appréciait pas à leur juste valeur.

Actuellement, et bien que les Anglais restent encore les gros acheteurs, la France et l'Italie se décident enfin à mettre à profit cette ressource appréciable de leurs colonies méditerranéennes. Par les procédés Dubrot, Vidal, Aubert et surtout de Vains, en France, et par celui de M. Pomilio en Italie, un certain nombre d'usines ont déjà été créées dans les deux pays en vue de l'utilisation de l'alfa comme plante à papier, sans parler du procédé de M. de Chardonnet pour la fabrication de la soie artificielle.

La méthode d'obtention de la cellulose par le chlore a en effet révolutionné l'industrie du papier, car elle présente des avantages techniques et économiques supérieurs à ceux du procédé à la soude ou au bisulfite, pour l'obtention de la soie artificielle et du papier d'alfa, et, ne l'oublions pas, pour les besoins éventuels en fulmicoton des services pyrotechniques des deux pays en vue de la défense nationale. Elle a permis notamment la création en Italie de l'importante usine « Elettrochimica Pomilio ». En France, les papeteries Outhenin-Chalandre, de France à Lancey, de Navarre à Montfourrat, Aussedat, etc..., utilisent le procédé de M. de Vains (1).

Jusqu'à plus ample informé, le sous-sol de la Tripolitaine ne semble pas particulièrement riche, bien que les sondages récemment effectués aient révélé des traces pétrolifères, dont il n'est pas possible à l'heure actuelle de préciser l'étendue.

En revanche la région de Pisida (Bou-Kammech), non loin de la frontière tunisienne, renferme d'importants dépôts de sel gemme, étudiés ces dernières années par le Service officiel des Mines et qu'on estime couvrir une superficie de plus de 50 kilomètres carrés ; on compte pouvoir en extraire du chlorure de sodium brut et pur, du sulfate et du chlorure de magnésie et du sulfate de potassium, suivant les procédés du Docteur Enrico Niccoli et de l'Ingénieur Mario Maritano (2). Le prolongement du che-

---

(1) Cfr. G. KERORMEL, L'industrie de la cellulose et E. WEISS, L'utilisation de l'alfa, *Sciences et Voyages* des 22 et 29 avril 1926.

(2) V. *L'Idea coloniale*, 1925, n° 22.

min de fer de Tripoli à Zouara jusqu'à Bou-Kammech, actuellement à l'étude, facilitera bientôt l'exploitation de ces gisements.

Mellana possède également des salines naturelles exploitées en régie directe par le Gouvernement et dont la production annuelle est en progression sensible.

Enfin le Fezzan est relativement riche en carbonate de soude naturel ou natron ; les quantités exportées de la colonie ont dépassé 3.000 kgs en 1919 et 13.000 kgs en 1920. En 1922, suivant une note du Docteur Zucco sur le natron, publiée dans le *Bulletin d'informations économiques du Ministère des Colonies* (1923), la Tripolitaine a exporté environ 24.000 kgs de natron.

Malgré tout, le commerce du natron, autrefois florissant, est en décadence marquée ; les causes en sont diverses, mais l'état de guerre presque ininterrompu pendant ces dix dernières années en est la principale. Le Gouvernement de la Tripolitaine, en vue de stimuler l'extraction et le commerce du natron, a décrété en 1921 la liberté du trafic du minerai et son importation en franchise dans le Royaume.

§ 6. — *Régimes foncier, financier et fiscal.*

Le Décret royal du 3 juillet 1921, n° 1207,

a confirmé et consolidé les droits fonciers en Tripolitaine et en Cyrénaïque.

Le régime foncier est commun aux deux colonies méditerranéennes ; nous en parlerons donc une fois pour toutes, sans qu'il soit besoin de revenir sur ce sujet, quand nous aborderons l'étude de la colonisation en Cyrénaïque.

Le Décret nº 1207 répartit les biens immobiliers en quatre catégories : les biens domaniaux, les biens collectifs des tribus ou villages, les biens privés (mulk) et les biens dits « auquaf ».

Le domaine public comprend les rivages de la mer, les cours d'eau, les pistes de caravanes, les phares, les monuments et jardins publics, les cimetières chrétiens, les églises, à l'exclusion des mosquées et des lieux consacrés au culte islamique. Sont qualifiés biens patrimoniaux, les grèves, les « sebke », les terrains incultes et sans maître, les carrières, les mines, les salines, les biens confisqués pendant la guerre, à l'exception de ceux donnés antérieurement par le Gouvernement ottoman en concession perpétuelle aux médiateurs privés ou « tapù ». En somme la distinction précédente, d'ailleurs conforme au droit italien métropolitain, consiste en ceci, que les biens patrimoniaux, à la différence des domaniaux, ont un caractère productif certain et peuvent, soit être une source de revenu pour le budget colonial, soit être éventuellement aliénés ou donnés par lui en concession.

Sont d'autre part biens collectifs ceux dont jouissent les familles nobles ou les collectivités territoriales, conformément aux coutumes locales et sous la condition expresse qu'elles ne dérogent en rien aux lois et principes d'ordre public en vigueur.

Au contraire sont biens privés ceux dont les détenteurs ont la libre disposition et sur lesquels ils exercent un droit de propriété proprement dit, mais toujours dans les limites assignées par la loi, à l'imitation du droit métropolitain.

Enfin les biens « auquaf » sont classés en publics et en privés, suivant qu'ils sont ou non affectés au culte ou aux œuvres de bienfaisance, mais, même dans le premier cas, l'Etat en conserve le domaine éminent ; tels sont, par exemple, les mosquées, les marabouts, les « Zaulie » et les cimetières musulmans. Sont biens privés les « auquaf » dont les revenus sont réservés à des personnes déterminées, mais toujours dans un but religieux, et qu'il s'agisse d'extension ou de simple entretien du culte.

Des services fonciers *ad hoc* ont été créés en vue de déterminer la nature des biens et leur classification dans chacune des catégories en

question ; ils sont présidés par un magistrat
spécial et remplissent leurs fonctions avec l'assistance d'une commission consultative composée de deux citoyens libyens et de deux citoyens
métropolitains. Les décisions des services fonciers ont valeur de sentence et sont exécutoires.

Une fois déterminée la nature d'un bien (on
tient compte pour cette détermination des mentions portées aux registres fonciers du « Defter
Acane », restitués par le Gouvernement ottoman après la paix de Lausanne), il est procédé
à son inscription au registre général foncier ;
cette inscription constitue la preuve légale des
droits sur les immeubles et de leurs attributions
et modifications successives. La prescription
acquisitive joue en faveur des détenteurs qui
exercent la possession légitime depuis quinze ans
et reste naturellement limitée aux biens privés.

Les biens patrimoniaux peuvent être accordés
en concession, aliénés ou donnés à bail. Signalons
qu'à cette fin, et pour favoriser la colonisation,
le principe de l'expropriation des terrains cultivables, mais laissés en friche par leurs détenteurs,
est admis. Une fois expropriés, ces biens font
partie du domaine patrimonial et peuvent, par
conséquent, conformément aux prescriptions du
décret du gouverneur du 27 novembre 1923,
série A, n° 1202, être dévolus en concession,

mais seulement moyennant un prix correspondant aux dépenses engagées par l'Etat pour la procédure d'expropriation, avec transfert de propriété immédiat au concessionnaire. Le titulaire s'engage à exécuter, dans les trois ans à dater de la délivrance de la concession, les travaux agricoles prévus au contrat ; faute de ce faire, le titre est révoqué, mais le concessionnaire déchu a droit à une indemnité représentative de la plus-value acquise de son chef.

Ceci établi, disons quelques mots du décret du Gouverneur en date du 10 février 1923, série A, n° 132, décret primordial pour la colonisation agricole de la Tripolitaine, car il contient les dispositions fondamentales réglant les concessions agricoles en général. Il a d'ailleurs été complété par le décret déjà mentionné et par celui du 27 novembre 1923, série A, n° 1201, qui fixe les bases du régime des concessions des terrains sablonneux. Ces terrains sont attribués au postulant, après versement d'une caution de dix lires à l'hectare, à titre de dépôt pour garantir l'obligation assumée par le concessionnaire, de reboiser une surface déterminée de terrain sablonneux ; cette surface une fois reboisée dans un laps de temps maximum de trois ans, restera sa propriété définitive.

Revenons maintenant au décret gouvernemental du 10 février 1923, qui règle les différents modes d'attribution des terrains du domaine patrimonial destinés à la colonisation. Ces terrains peuvent être : *a*) soit donnés en concession contre redevance annuelle, avec faculté pour le bénéficiaire de demander le transfert de propriété à son nom ; *b*) soit donnés en concession moyennant un prix établi, avec transfert de propriété immédiat et sous condition résolutoire ; *c*) soit donnés à bail ou vendus, lorsqu'ils sont déjà défrichés.

Les contrats relatifs aux lots visés au paragraphe *c* sont établis par l'Office de Colonisation, qui fixe à l'occasion de chaque espèce le prix de vente ou le taux du loyer. Au contraire les bases de principe des contrats (art. 8) relatifs aux lots visés au paragraphe *a* sont les suivantes :

1º Le titulaire a droit à la jouissance perpétuelle du lot concédé, sous réserve de révocation de la concession, au cas où, dans les trois premières années à dater de la délivrance, les travaux prescrits n'auraient pas été exécutés par lui, ou ne l'auraient été qu'en partie infime ou trop mal pour qu'il soit possible de lui faire confiance à l'avenir.

2º Le montant de la redevance annuelle n'est stipulée payable qu'à partir de la quatrième année échue de la délivrance.

3º Le lot une fois mis en valeur, le concessionnaire a la faculté de se porter acquéreur en
payant un prix à déterminer, prix qui ne pourra
jamais excéder dix fois le montant de la redevance annuelle stipulée au contrat.

4º Pour les concessions supérieures à 50 hectares, l'Administration a la faculté d'accorder
la division du lot, sous réserve que l'acte de
concession le spécifie.

5º L'Administration reste libre de consentir
des sous-concessions à titre onéreux et d'autori-
ser des donations entre vifs dans les conditions
qu'elle juge les plus appropriées à chaque espèce.

6º La transmission aux héritiers après décès
est de droit.

Par cet ensemble de dispositions judicieuses,
le Gouvernement de la Tripolitaine tend à favoriser l'évolution rationnelle du problème de la
mise en valeur des terrains incultes, grâce à une
série de concessions qui ne peuvent être accordées aux étrangers que par décret gouvernemental.

Plus de 3.000 hectares ont été donnés en concession en 1923, et on évalue cette année à plus
de 50.000 hectares au total les terres alloties en
Tripolitaine en faveur de colons métropolitains ;
cette surface sera prochainement doublée et
même triplée par les concessions faites à des

sociétés de colonisation pourvues de gros capitaux, qui prépareront les terres pour les émigrants.

Un autre élément d'une efficacité éventuelle certaine, croyons-nous, facilitera singulièrement la solution de cet important problème. Nous voulons parler de l'action prochaine de la Caisse d'Épargne de Tripolitaine, action qu'elle pourra exercer dans un prochain avenir sous forme de prêts agricoles à taux modéré.

Le rapport de la Caisse d'Épargne de Tripolitaine pour l'exercice 1924 nous donne à cet égard des indications précieuses. Le taux de 6 p. 100 actuellement admis y est justement taxé d'excessif, étant donnée l'inexistence d'un rendement normal des exploitations agricoles pendant les premières années. Il est à souhaiter que la Caisse donne bientôt satisfaction aux vœux des intéressés et que de nouvelles dispositions réduisent sensiblement le taux de l'intérêt des prêts agricoles pendant les cinq premières années, d'autant plus que d'importantes avances lui ont été consenties et qu'un accord est intervenu récemment à cet effet entre le Gouverneur de la Tripolitaine et l'Institut National de Crédit pour le travail italien à l'étranger, en vue de la création de villages de colonisation.

Chacune des deux colonies a son budget au-

tonome, alimenté par des ressources ordinaires
et extraordinaires. Les ressources ordinaires proviennent des rentrées proprement dites, octrois,
douanes, monopoles, impôts, taxes, etc... Les
ressources extraordinaires sont représentées par
les subventions que l'Administration Centrale
du Ministère des Colonies alloue à chaque colonie en particulier, pour lui permettre de faire
face aux dépenses qu'elles ne pourraient couvrir
par ses seules rentrées ordinaires. La majeure
partie de ces subventions est d'ailleurs destinée
aux dépenses militaires.

Les ressources ordinaires de la Tripolitaine
se sont élevées en 1922-1923 à 36.608.000 lires,
celles de la Cyrénaïque à 23.033.000 lires.

Si nous en étudions l'origine, nous constatons
que le système fiscal de la colonie comporte
l'impôt foncier, le décime sur les récoltes et cultures arborescentes des terrains non défrichés,
l'impôt sur le bétail, l'impôt sur les revenus et
les tributs sur les populations. Ces derniers
frappent en général la production et restent
maintenus à des taux très modérés.

Notons seulement les cinq tributs caractéristiques payés par les populations nomades ou
semi-nomades, auxquelles il n'est guère possible
d'appliquer un mode de perception plus ration-
nel et qui perpétue un régime embryonnaire

déjà en vigueur sous le Gouvernement ottoman, alors que la Libye faisait partie de l'Empire turc.

Une Direction des Services du Trésor, des impôts et taxes pourvoit à la fixation des tributs et à leur recouvrement local.

Le système en vigueur en Tripolitaine est donc essentiellement direct et son excellente organisation susceptible d'alléger d'une façon durable la part contributive de la Mère-Patrie. La Cyrénaïque au contraire possède un régime fiscal principalement indirect et son budget est alimenté, non seulement par les recettes des douanes, maritimes et des monopoles, mais par celles des postes et par le produit de la taxe sur le chiffre d'affaires. Cependant les communes de Cyrénaïque, sous réserve de l'approbation du Parlement, ont la faculté d'établir des tributs locaux au bénéfice des budgets municipaux.

B. — CYRÉNAIQUE

§ 1. — *Géographie, démographie, faune et flore.*

La Cyrénaïque confine administrativement à la Tripolitaine, au Sud-Est d'Ez Zuetina, et politiquement à Solum, à l'Égypte, érigée récemment en État indépendant. Après de longues négociations entre l'Italie et l'Angleterre, qui, en exécution du traité de Londres, s'était engagée à consentir des rectifications de frontières dans cette zone, les opérations de délimitation viennent seulement d'être terminées et ont abouti à la signature du traité italo-égyptien du 9 novembre dernier. L'accord est intervenu sur tous les points, sauf en ce qui concerne la nationalité des Senoussis ; cette question sera réglée plus tard par la voie diplomatique habituelle.

Suivant les chiffres les plus dignes de foi et abstraction faite des rectifications résultant de ce traité, la superficie de la Cyrénaïque atteindrait 600.000 kilomètres carrés et sa population seulement 225.000 habitants environ, composée d'indigènes, arabes et berbères, de religion musulmane du rite maléchite, d'une petite minorité d'israélites, de quelques Grecs et Égyptiens et de près de 10.000 Italiens.

Le climat tempéré de la Cyrénaïque est particulièrement favorable à l'immigration italienne du sud de la péninsule, si nous nous en rapportons aux premiers essais de colonisation agricole.

La capitale est Benghazy, siège du Gouvernement, mais il est fortement question de la transférer à Cyrène, qui présente des avantages climatiques supérieurs et un ancrage plus facile et plus sûr. Parmi les autres principaux centres,

citons Gedabia, Soluk, Tokra, Tolmetta, Merg,
Marsa-Susa, qui possèdent de bonnes rades ;
Derna, excellent port naturel, siège d'un commandement naval italien, et Ras El Hillal,
moins important, mais également excellent, à
mi-route entre Marsa-Susa et Derna. Les caboteurs de la ligne locale, déjà mentionnée, et qui
dessert la côte libyenne, font escale dans tous
ces ports. Enfin la ligne postale directe Naples,
Messine, Syracuse, Benghazy, unit la colonie à
la Mère-patrie.

La Cyrénaïque épouse la forme d'un vaste
plateau en amphithéâtre, qui dévale en pente
abrupte vers la mer. L'étroitesse caractéristique de la plaine côtière résulte du soulève-
ment brusque de la bande littorale jusqu'au
haut plateau de Barca ou Djebel El Achar, de
formation calcaire à base crétacée et dont la
cote maxima est de 800 mètres au marabout de
Sidi El Homri.

Ce haut plateau décline toutefois vers l'Est
dans la Marmarique, ne dépasse guère l'altitude
de 100 mètres dans la zone de Tobruk, et s'affaisse progressivement au Sud jusqu'à la région
des Baltes, basse et sillonnée d'un réseau serré
d'oueds ; cette région, qui sépare le haut pays
du grand désert intérieur, s'élève d'ailleurs à
nouveau insensiblement, pour atteindre encore

400 mètres au-dessus du niveau de la mer à Cufra, capitale actuelle de la célèbre confrérie musulmane des Senoussistes.

Ces conditions géologiques et climatiques, analogues à celles de la Tripolitaine, ne sont guère compatibles avec une riche faune africaine. Pourtant cette faune est plus variée que celle de la Tripolitaine et le cheptel de la Cyrénaïque incomparablement supérieur à celui de la colonie italienne voisine, notamment le cheptel ovin, base de l'importante industrie lainière locale.

Jusqu'à 1922, l'exportation, même temporaire, du bétail est restée prohibée en vue de la reconstitution du cheptel local, que la guerre libyque, comme la guerre européenne, avait laissé très diminué. Grâce à cette prévoyante interdiction, la Cyrénaïque a pu, dès 1922, exporter à nouveau en Egypte, son marché traditionnel, plus de 22.000 moutons. On a prétendu, il est vrai, que cette exportation dépassait 500.000 têtes avant l'occupation italienne, mais il s'agit là d'une simple allégation, incontrôlable et certainement très exagérée.

La mer y est également très poissonneuse ; la pêche, principale richesse du pays, est peut-être la plus importante du bassin méditerranéen. De même la flore est abondante ; le genévrier phénicien, le sumac, l'arbousier, le lentisque, le cyprès, le caroubier, le chêne et l'olivier, flore caractéristique du haut plateau, en sont les essences les plus communes. Mais, à la différence de ce que nous avons constaté en Tripolitaine, le palmier est moins répandu ; cette rareté relative s'explique d'ailleurs facilement du fait de l'existence de cet imposant haut plateau et de vastes espaces désertiques, qui ne laissent à la bande littorale utile, nous l'avons dit, qu'une superficie très restreinte.

Les zones culturales de l'olivier sont assez étendues, mais plus encore celles de l'olivatre ou olivier sauvage, qui cédera peu à peu la place au premier. Enfin l'alfa de Cyrénaïque est universellement connu ; on extrait de cette précieuse graminée, comme en Tripolitaine (1), la cellulose nécessaire à la fabrication du papier, et la spartéine, employée en médecine ; l'industrie de la sparterie et de la corderie l'utilise également sur place.

§ 2. — *Organisation politique et administrative.*

L'organisation politique et administrative de la Cyrénaïque, analogue à celle de la Tripoli-

______

(1) V. ci-dessus p. 41 et suiv..

taine, a fait l'objet du décret-loi royal en date du 31 octobre 1919, n° 2401. Les différences que nous constatons entre les deux statuts libyques, tiennent aux particularités démographiques respectives des deux colonies, et à la survivance en Cyrénaïque de groupes de familles nobles et de tribus bien distinctes, indépendamment de la puissante confrérie des Senoussistes, qui vivent dans l'intérieur ; elles ont donné naissance à des textes précis et d'autant plus intéressants que le statut cyrénaïque, malgré les critiques qu'il a suscitées, tant en Italie qu'à l'étranger (1), a fait ses preuves, une fois surmontées les difficultés premières de son application.

Les attributions du Gouverneur de la Cyrénaïque sont cependant identiques à celles du Gouverneur de la Tripolitaine, et nous les avons précédemment exposées. Le décret-loi établit les fondements de l'organisation locale et précise comme suit la composition du Gouvernement (article 13) :

1° Un Gouverneur, nommé par le Roi, assume tous les pouvoirs civils et militaires, dans les limites de la compétence déterminée par ledit

---

(1) Citons, parmi ceux qui ont critiqué l'institution des Parlements libyques en Italie, le docteur Bassi, dans *I parlamenti libici*, Modène, 1924 ; en France, « Un Africain, », *Manuel de politique musulmane*, Paris, 1924.

article ; 2° un Parlement local, composé de représentants des tribus et centres du territoire, véritable expression fédérative et amicale de toutes les populations du pays, et qui comprend également un nombre limité de membres de droit, nommés par le Gouverneur ; 3° des directions civiles et militaires, dont les chefs sont désignés par décret royal.

Le Parlement local se compose d'environ cinquante représentants, élus par les tribus et les centres dans la proportion d'un député pour 1.500 membres et habitants au moins et pour 4.000 au plus. Quant aux oasis de l'intérieur, le décret-loi renvoie à des dispositions ultérieures le mode de désignation de leurs représentants respectifs. Sont membres de droit, avec voix délibérative, les chefs des directions civiles et militaires. Enfin le Président du Parlement n'est pas toujours obligatoirement de religion musulmane.

Les attributions du Parlement sont variées (article 20). Lui est notamment réservée l'approbation, avant leur promulgation, des règlements pris en exécution des dispositions fondamentales du statut de la Cyrénaïque, que nous avons étudiées en parlant du statut de la Tripolitaine. Les tributs à imposer aux populations et les affaires du ressort des services maintenus à la charge des budgets coloniaux sont en outre soumis aux délibérations du Parlement.

Traditionnellement la répartition de la population en tribus et sous-tribus, prédomine en Cyrénaïque. La direction de chaque sous-tribu est confiée à un chef et celle de la tribu à un « chef des chefs », dont la désignation est réservée au Gouverneur, conformément au droit coutumier en vigueur dans les tribus elles-mêmes.

Au point de vue administratif, la Cyrénaïque est divisée en districts et chaque district est administré par un chef de district, nommé par le Gouverneur, le Conseil de Gouvernement entendu. Le district, dont le chef-lieu coïncide avec un centre, peut être érigé en commune, dotée d'un Conseil municipal, dont la gestion est contrôlée par un Intendant de district. Plusieurs districts forment une circonscription, avec à sa tête un Commissaire du Gouvernement. Dans les tribus enfin, le chef est assisté d'un Conseil des Anciens.

§ 3. — *Justice, Cultes, Instruction publique, Législation sociale.*

Les dispositions en vigueur concernant la justice, les cultes et la législation sociale sont, comme l'Organisation politique et administrative, basées sur les mêmes principes en Cyrénaïque et en Tripolitaine. Au contraire, le problème scolaire a été résolu en Cyrénaïque d'une manière différente, depuis la proclamation par l'Italie de la liberté de l'enseignement privé, liberté garantie par l'article 10 du statut fondamental.

Le Gouvernement colonial ne se désintéresse pourtant pas de cette question essentielle et conserve la faculté de créer des écoles primaires, dont l'enseignement est d'ailleurs obligatoire, ainsi que des écoles moyennes et éventuellement des écoles supérieures. Mais l'enseignement primaire n'est obligatoire pour les musulmans que pour les garçons seulement.

Dans toutes les écoles élémentaires et moyennes, l'enseignement religieux, celui de la langue, des sciences islamiques, de la littérature et de l'histoire, est donné en arabe, tandis que pour les autres matières, l'italien est de rigueur. Tout principe de nature à froisser les convictions religieuses des musulmans est formellement banni de l'enseignement qui leur est destiné. Telle est la base solide sur laquelle le Parlement local fut appelé à édifier l'Organisation scolaire spéciale à la Cyrénaïque.

Le décret royal du 5 février 1922, no 368, se borne en somme à promulguer tel quel le projet approuvé par le Parlement, en accord avec les dispositions statutaires.

Conformément à cette organisation, en voie d'application, les écoles suivantes ont été créées : 1º Kuttab élémentaires (cours de trois ans) ; écoles moyennes (cours de trois ans) ; écoles supérieures (cours de quatre ans). 2º Écoles d'arts et métiers et d'agriculture. 3º Écoles d'éducation féminine réservées aux indigènes qui demandent à les suivre. 4º Kuttab spéciaux, destinés à l'intérieur et dans lesquels on enseigne le Coran par cœur, la dictée, les éléments de l'écriture, la religion et la morale.

§ 4. — *Travaux publics.*

En matière de travaux publics, l'Italie, sans avoir pu encore réaliser en Cyrénaïque un programme aussi étendu qu'en Tripolitaine, a cependant déjà obtenu des résultats appréciables, qu'il s'agisse des ports terminés ou en cours, spécialement à Benghazy (1), des voies ferrées, ou des fouilles archéologiques de Cyrène.

---

(1) Le Gouvernement a décidé en juin 1926 la construction d'un grand port maritime à Benghazy. Les travaux doivent commencer immédiatement et on prévoit que, dans cinq ans, cette ville pourra devenir un port important de la Méditerranée.

Le réseau routier qui réunit les principaux centres atteint environ 1.100 kilomètres, la piste de caravanes Derna-Tobruk 184 kilomètres, la ligne de chemin de fer Benghazy-Er Regina 30 kilomètres, et la ligne Benghazy-Merg, actuellement en construction, 30 kilomètres également. Enfin le premier tronçon de la ligne du Sud de la Cyrénaïque, entre Benghazy et Soluk, vient d'être inauguré en octobre 1926.

Nous avons déjà énuméré les principaux ports de la Cyrénaïque. Ajoutons que tous sont pourvus d'un bureau de douanes et que le régime douanier est identique à celui de la Tripolitaine. Le produit des douanes, inférieur à celui de la colonie voisine, s'est élevé en 1922 à 5.461.000 lires pour les importations et à 26.584.000 lires pour les exportations.

La Cyrénaïque est reliée à l'Italie par une série de stations radiotélégraphiques et par le câble sous-marin Benghazy-Syracuse et, dans les principaux centres, des bureaux de postes et télégraphes ont été ouverts au public.

§ 5. — *Production agricole, industrielle et minière.*

La production agricole consiste surtout en céréales, en premier lieu en orge, qui fait l'objet d'un gros commerce d'exportation, en vue de la fabrication de la bière ; l'orge de Cyrénaïque donne au minimum huit grains par épi dans la Marmarique et trente-cinq au maximum dans la plaine benghazyne, et la récolte annuelle atteint en moyenne deux millions de quintaux. Le *Bulletin d'informations économiques du Ministère des Colonies* mentionne, pour le seul port de Benghazy, qui accapare, il est vrai, la presque totalité du fret d'exportation des céréales, un chiffre de sortie de plus de 173.000 quintaux (1).

La production fourragère, assurée par quelques entrepreneurs italiens, est également importante et dépasse 14.500 quintaux pour le haut plateau seulement. Au contraire, la culture du blé est encore assez limitée.

Quelques essais de colonisation directe ont été faits ces dernières années par des Italiens immigrés, mais ces tentatives resteraient insuffisantes, étant donnée la superficie restreinte des terres domaniales à concéder. C'est pourquoi les colons métropolitains ont été amenés à chercher la solution du problème de l'exploitation des terres cultivables en participation avec les indigènes.

---

(1) Ministero delle Colonie, *Bollettino d'informazioni economiche*, Rome, 1922, pp. 170 à 180. Nos chiffres concernant la production des colonies sont en général tirés de ce Bulletin.

Parmi les plus brillants exemples de cette coopération, citons celui de l'Union coloniale Italo-Arabe, qui a réussi à fonder un premier village agricole de plus de cent familles siciliennes dans la zone de Guarscia (1). L'Union se propose, entre autres buts, la culture rationnelle de la vigne, qui prospère admirablement dans presque toute la Cyrénaïque, même à l'état sauvage, et tend à libérer l'Italie du lourd tribut qu'elle paie à l'Espagne pour le raisin sec, dont elle importe encore 18.000 quintaux par an. Les spécialistes les plus compétents affirment en effet que le raisin de cette provenance peut rivaliser victorieusement avec le raisin espagnol, d'autant plus que les maladies de la vigne sont encore inconnues en Cyrénaïque et que les conditions locales y sont si favorables qu'un cep de six mois à peine est déjà en pleine vigueur (2).

Quoi qu'il en soit, la culture de la vigne y est actuellement assez rudimentaire et l'Union devra poursuivre sérieusement son action avant d'espérer vaincre la concurrence espagnole.

Le problème de la mise en valeur de la Cyrénaïque est pourtant, suivant l'opinion des meil-

---

(1) A. MANGINI, *Relazione sull'attività dell'Ufficio per i servizi agrari della Cirenaica*, Benghazy, 1922.
(2) G. DALMAZZO, *La viticultura in Cirenaica*, Benghazy, 1925.

leurs auteurs, essentiellement agricole, comme il le fut d'ailleurs autrefois, à nous en tenir aux traces nombreuses de travaux considérables, de défrichements, d'exploitations rurales, de puits et de canaux d'irrigation, que nous a laissés l'antiquité. Ces vestiges témoignent encore aujourd'hui du grand intérêt porté par les maîtres d'alors à toute la région du Barca, du bas-fond jusqu'aux hauts plateaux du Djebel.

Actuellement l'avenir agricole du pays dépend donc uniquement de l'effort individuel des colons et de l'initiative de quelques capitalistes, qui s'est surtout manifestée par la création d'agglomérations rurales, analogues aux villages tunisiens. Cet effort et ces initiatives devront, pour obtenir les meilleurs résultats, pouvoir compter sur l'appui constant du Gouvernement colonial et s'orienter vers l'extension et l'amélioration progressive, non seulement de la culture de la vigne, mais de celle du palmier-dattier, de l'olivier et principalement des céréales, base de la richesse locale, avec l'élevage du bétail.

Cette œuvre de longue haleine gagnera à être menée de front avec la même œuvre en Tripolitaine. Dans ces conditions, l'Italie, puissance colonisatrice, peut espérer, sinon ressusciter le légendaire « grenier de Rome », expression qui, ne l'oublions pas, comprenait dans son acception, non seulement la Libye actuelle, mais la Tunisie, du moins un réservoir de céréales appréciable pour la Mère-Patrie.

La pêche des éponges est, nous l'avons vu, extrêmement importante en Cyrénaïque. En 1923, l'exportation a dépassé 19.900 quintaux. Quant à la pêche et à l'industrie du thon, les premiers essais n'ont pas donné les résultats qu'on en attendait (1).

L'industrie locale et familiale bénéficie de la situation créée par l'existence d'un abondant bétail. Celles des bouracans et des tapis de laine sont particulièrement prospères, de même celle des broderies de soie et d'argent sur étoffe et sur peau, la fabrication des nattes, des poteries en terre cuite et enfin le tannage des peaux ; Benghazy possède déjà une tannerie, dont la production journalière atteint 200 à 250 peaux légères et 50 à 60 kgs de semelles lourdes. Le recrutement de la main-d'œuvre nécessaire à ces industries a été notoirement facilitée depuis la création d'une école d'arts et métiers, sur le modèle de celle instituée en Tripolitaine.

Plus favorisée que la Tripolitaine, la Cyrénaïque possède des gisements de soufre impor-

____

(1) Ministero delle Colonie, *Statistica del commercio delle colonie italiane nel* 1922-23. Rome, p. 15,

tants et d'exploitation facile au nord de Gasr el Mucthar, dans la Syrte. Le soufre extrait est dirigé sur le marché de Benghazy ou expédié pour une moindre part en Egypte. On l'utilise en agriculture et pour le traitement de la rogne du chameau.

Il existe également des salines naturelles à Benghazy, à Tokra et surtout à Carcura, les plus vastes de la Méditerranée, dit-on, et qui peuvent être données en concession, même à des entrepreneurs privés.

§ 6. — *Régimes foncier, financier et fiscal.*

La législation minière, le régime foncier, l'organisation financière et le système fiscal de la Cyrénaïque ne diffèrent de ceux institués en Tripolitaine que par quelques détails, que nous avons précédemment mentionnés.

SECTION III

ERYTHRÉE

§ 1. — *Géographie, démographie, faune et flore.*

L'Erythrée, ou plutôt l'ensemble des possessions acquises par l'Italie sur la mer Rouge et désignées sous ce nom, couvre une superficie totale d'environ 119.000 kilomètres carrés. Comprise entre le Soudan anglo-égyptien, l'Abyssinie et la Côte française des Somalis, elle est baignée par la mer Rouge et son développement côtier approximatif est de 1.000 kilomètres. L'archipel des Dahlac, composé de 122 îles, dont la plus étendue, l'île Dahlac Chebir, atteint 900 kilomètres carrés, en dépend géographiquement et politiquement. La côte de la Dancalie, plus au sud, est également parsemée de nombreux îlots.

La capitale de l'Érythrée est Asmara, sur le haut plateau, mais la ville la plus importante est Massaouah, l'un des principaux ports de la mer Rouge et centre du trafic avec la côte arabe.

L'Érythrée, entité géographique toute artificielle, présente la forme d'un vaste haut plateau, trait essentiel de son orographie, qui dépasse parfois 4.000 mètres et dont le talus oriental est nettement abrupt, mais qui s'incline en pentes douces vers les plaines occidentales. Au pied du versant oriental, littéralement escaladé par la voie ferrée impressionnante Massaouah-Asmara, s'étend le plateau intermédiaire, interrompu du côté de la Dancalie par une chaîne de montagnes, qui s'affaisse elle-même insensiblement jusqu'au niveau de la mer Rouge.

La colonie peut donc être divisée géographiquement en trois zones bien distinctes : la plaine littorale, prolongement de la plaine soudanaise ; le haut plateau, ligne de partage des eaux du bassin du Nil et de celui de la mer Rouge ; enfin la grande dépression dangalienne, bordée par une chaîne montagneuse d'origine volcanique (1). Cette dernière est particulièrement exposée à de violents mouvements sismiques, et Massaouah, actuellement en voie de complète reconstruction, fut très éprouvée par le tremblement de terre de 1921.

La population totale de ces régions ne dépasse guère 393.000 habitants, la plupart indigènes et de races extrêmement diverses, abyssins, dangalis, cunamas, barias, hindous, arabes, soudanais, somalis, etc... Les religions et rites les plus variés y sont également pratiqués, christianisme jacobite d'Egypte ou copte, grec, orthodoxe, protestant, catholique, israélite et même bouddhiste. Le dernier recensement de 1921 indique 4.400 Européens ou assimilés, dont plus de 4.000 Italiens, tous établis dans les centres habités, presque exclusivement à Massaouah et surtout à Asmara.

La capitale jouit en effet, grâce à son altitude, d'un climat tempéré, très propice aux Eu-

---

(1) OMODEO A., PEGLION V. et VALENTI G., *La colonia eritrea. Condizioni e problemi*. Rome, 1913.

ropéens, comme celui du haut plateau en général, alors que celui de Massaouah est non seulement tropical, mais torride et très pénible. Au
contraire, la zone intermédiaire entre la mer et
le haut plateau est caractérisée par des écarts de
température considérables suivant les saisons.

Ces conditions climatériques si diverses engen-
drent nécessairement une flore abondante et
variée, favorisée d'ailleurs par l'existence de
plusieurs cours d'eau, qui, sans pouvoir être
comparés aux grands fleuves africains, exercent
leur influence bienfaisante et ont déjà permis,
nous le verrons, l'introduction d'un certain
nombre d'industries, au grand bénéfice de la
colonie.

Le genévrier, l'acacia-parasol, le sycomore,
l'euphorbe, l'olivier sauvage et le tamarinier,
constituent les essences caractéristiques de cette
flore exubérante, limitée naturellement à la
zone intermédiaire et au haut plateau, alors que
la région côtière, spécialement entre Massaouah
et Assab, a toutes les apparences du désert.

La faune ne le cède en rien à la flore. Mammi-
fères, pachydermes, oiseaux, reptiles, et parmi
eux, gazelles, antilopes, girafes, buffles, lions,
léopards, éléphants, rhinocéros, hippopotames,
gallinacés, etc..., abondent dans une promis-
cuité merveilleuse. La mer est également très

poissonneuse et d'une grande richesse en éponges et surtout en perles. Les éponges d'Érythrée sont les plus estimées après celles des Antilles (1). Massaouah centralise presque tout le
commerce des perles de la mer Rouge ; Djeddah,
Hodeida et Aden ne sont en comparaison que
des centres secondaires. Enfin Massaouah vient
au premier rang pour la pêche du troque (2),
ou trochus, dont il expédie de grandes quantités
en France, qui absorbe environ les neuf dixièmes
de l'exportation totale de ces coquilles, pour
alimenter son industrie des boutons de nacre.
La pêche du troque appelle une étude spéciale,
d'autant plus qu'elle intéresse au plus haut
point le marché français (3).

Zucco (4) signale qu'indépendamment des
quantités exportées en France, il est sorti en
douze ans du port de Massaouah plus de 1.200

---

(1) Dott. G. Zucco, *L'industria della pesca in Eritrea.* Rome, Bibliothèque de l'Etat, 1925.

(2) Genre de mollusques gastéropodes prosobranches,
tribu des trochinés, de grande taille, à coquille conique
large et épaisse, plus ou moins rugueuse, avec l'intérieur
nacré.

(3) La France a importé les quantités suivantes :

En 1912 .... 8.783 quintaux.
En 1922 .... 21.691   —

d'une valeur de 2.151.000 lires.

Le principal centre de fabrication est à Méru (Oise).

(4) Zucco, *op. cit.*

quintaux de troques à destination de l'Autriche, de l'Égypte et de l'Angleterre. En outre quelques milliers de quintaux ont été expédiés en Italie, mais plutôt pour procéder à des essais de fabrication, que pour alimenter une fabrication déjà existante.

Quant aux chiffres des exportations, qui figurent dans les statistiques des douanes de l'Érythrée de 1916 à 1919, comme étant destinées au Royaume, il ne s'agit en réalité que de marchandises en transit à destination de la France par les ports de Naples et de Gênes.

Les quantités exportées annuellement et leur valeur en douane, établie sur la base des prix du marché local, traduisent en somme exactement le rapport entre l'activité du marché de gros érythréen et les exigences de l'industrie française des boutons.

En 1913, à la veille de la grande guerre, qui annihila les résultats de plusieurs années d'efforts, cette industrie essentiellement française était parvenue à son plein développement et tirait sa matière première de la mer Rouge et de la Nouvelle Calédonie dans des proportions inconnues jusqu'alors : mais, de 1914 à 1916 et pendant la seconde période des hostilités, les chiffres des exportations de Massaouah et de Nouméa furent en décroissance constante, décroissance qui atteignit son point maximum en 1917, et, après la paix, en 1923, la plus mauvaise année depuis le début de cette industrie caractéristique.

Les exportations en France en 1915 et même en 1921, années où elles furent inférieures à celles de 1917, sont à rapprocher, avant de chercher une explication plausible à cette diminution, des brillants résultats donnés au cours de ces deux campagnes par la pêche des huîtres perlières. De 1918 à 1920, la France réorganisa sa production industrielle ; mais en 1920, en raison des cours élevés du troqué australien et des demandes considérables de ses fabriques, elle fut amenée à s'approvisionner principalement à Massaouah et il en résulta une hausse subite du produit de la mer Rouge.

Depuis 1921 le marché de Nouméa est en mesure de livrer à l'industrie française la nacre demi-ouvrée comme le produit brut ; au contraire le marché de Massaouah ne peut fournir que le produit brut, dont les cours ont oscillé en 1922 et 1923 entre 100 et 200 lires le quintal, mais en quantités très supérieures à celles des plus importantes pêcheries australiennes et américaines. Ces résultats favorables sont dus en grande partie au Gouvernement colonial qui veille sagement à l'observation rigoureuse des dispositions prises en vue de protéger les intérêts des pêcheurs et à l'exécution scrupuleuse des contrats.

L'industrie française est donc désormais assurée de trouver à des prix encore abordables sur le marché de gros de Massaouah la matière première suffisante aux besoins de ses fabriques et peut travailler sans crainte à étendre sa production et à conquérir de nouveaux débouchés.

§ 2. — *Organisation politique et administrative.*

L'organisation politique et administrative des régions désignées autrefois sous le nom de « Possessions italiennes de la mer Rouge » et qui furent réunies en 1890 pour former la colonie de l'Erythrée, fut l'œuvre de la loi du 24 mai 1903, qui attribua le pouvoir législatif au Gouvernement central, par délégation du Parlement italien, le Gouvernement colonial entendu ou non.

Ce Gouvernement est composé du Gouverneur, qui assure tous les pouvoirs civils et militaires, d'un Conseil d'Administration, comprenant les plus hauts fonctionnaires de la colonie et d'un Office de Gouvernement, dont dépendent plusieurs Directions générales, qui pourvoient à l'expédition des affaires diverses. Sous la dépendance du Gouverneur se trouvent également un Office spécial, affecté à l'étude des questions politiques d'outre-frontières, ainsi que le commandant des troupes et le commandant supérieur des forces navales de l'Érythrée.

Administrativement l'Érythrée est divisée en commissariats, bases essentielles de l'organisation administrative de la colonie, et les commissariats peuvent eux-mêmes être ou non divisés en résidences. Les résidences sont établies en règle générale le long des frontières. A la tête de chaque commissariat est placé un Commissaire régional, qui possède des attributions très étendues, de nature administrative, judiciaire, municipale, et d'ordre public et politique.

§ 3. — *Justice, Cultes, Instruction publique, Législation sociale.*

Le Gouvernement italien s'est attaché, en Érythrée comme dans les autres colonies, à respecter de la façon la plus scrupuleuse, non seulement toutes les religions et toutes les croyances, mais encore les us et coutumes locaux. Ces coutumes, codifiées, ou tout au moins recueillies, font, en effet, partie intégrante de la législation en vigueur.

Les indigènes sont donc soumis à leur droit

respectif, soit les Abyssins au droit abyssin et les populations islamiques au droit musulman. Le droit pénal pour les indigènes est basé sur la coutume, et la justice est alors généralement administrée en premier ressort par les chefs de village reconnus par le Gouvernement colonial, et en appel par le tribunal régional présidé par le Commissaire régional.

Les lois italiennes sont au contraire applicables aux Italiens et aux étrangers, ou plutôt les lois italiennes étendues à l'Érythrée et les codes spéciaux institués pour la colonie, codes qui ne diffèrent des codes italiens que par des détails d'adaptation à la situation locale.

Pour les crimes et délits particulièrement graves, les indigènes sont d'ailleurs eux-mêmes justiciables de la loi italienne.

Le respect des cultes est, nous l'avons dit, l'un des principes fondamentaux de la colonisation italienne ; aussi les croyances les plus diverses sont-elles librement professées en Érythrée, sans que le Gouvernement se reconnaisse le droit d'intervenir en faveur d'un culte quelconque.

Les églises catholique et réformée sont représentées par un clergé séculier et par des missionnaires suédois et catholiques, qui travaillent à la propagation du christianisme. C'est aux missions catholiques que le Gouvernement a confié la tâche d'assurer l'enseignement professionnel dans les écoles d'arts et métiers que beaucoup d'indigènes suivent déjà assidûment et qui constituent une pépinière appréciable de main-d'œuvre pour l'industrie locale.

L'Administration coloniale emploie d'ailleurs d'assez nombreux fonctionnaires indigènes qui parlent et écrivent passablement l'italien.

L'organisation scolaire est encore rudimentaire, en raison du très petit nombre d'Européens établis dans la colonie. Pourtant l'enseignement primaire est en progrès constant. Des écoles publiques ont été créées pour les indigènes, ainsi qu'une école spéciale d'arts et métiers pour les Européens ; en outre les indigènes qui en font la demande ont à leur disposition une école technique.

L'instruction primaire est également donnée aux indigènes incorporés dans les fameux bataillons de l'Érythrée, troupes d'élite dont l'Italie est fière à juste titre et qui constituent un précieux élément de civilisation et d'attachement à la Mère-Patrie.

Le décret du 23 octobre 1922 a donné à la législation ouvrière et sociale une impulsion sérieuse par l'introduction du livret ouvrier. Tout indigène qui désire s'engager sur une entreprise reçoit un livret spécial, sur lequel doivent être obligatoirement mentionnés, en présence d'un représentant de l'autorité locale, le salaire journalier, la durée du travail et toutes les conditions du contrat. Le paiement du salaire en nature est strictement prohibé, sauf en cas exceptionnels. Il en est de même de l'abandon collectif du travail.

Le domaine d'application des lois sociales métropolitaines sur l'assurance obligatoire contre les accidents du travail a été étendu à l'Érythrée, mais seulement en faveur des ouvriers italiens ou européens.

Enfin, un décret déjà ancien du Gouverneur (1908) interdit formellement aux ouvriers et généralement à tous les passagers de troisième classe de débarquer dans les ports de la colonie ou de s'arrêter en quelque endroit du territoire, sans avoir au préalable déposé une somme équivalente au prix du passage en troisième classe de Massaouah aux ports d'embarquement italiens.

§ 4. — *Travaux publics.*

Parmi les travaux publics méritant d'être signalés spécialement, les voies ferrées viennent, répétons-le, en premier lieu. Cependant le port de Massaouah, bien outillé, permet l'accostage aux vapeurs de fort tonnage, grâce à la construction d'un quai de 330 mètres environ, et son rapide développement sera singulièrement favorisé par la récente création d'une zone franche.

La ligne Massaouah-Asmara, d'une longueur de 120 kilomètres, se raccorde aux tronçons Asmara-Cheren et Cheren-Agordat, encore en construction. Cette ligne remarquable dépasse le niveau de 4.000 mètres et est longée par une excellente artère routière, longue de 1.200 kilomètres, qui se ramifie dans toute la colonie et facilite singulièrement les transports et le trafic par automobiles, voitures et caravanes, notamment avec l'Éthiopie voisine.

Le commerce par caravanes est d'ailleurs lui-même beaucoup plus intense avec l'Éthiopie qu'avec le Soudan anglo-égyptien.

Aussi l'Érythrée est-elle en mesure d'échanger normalement ses produits indigènes, agricoles et industriels, comme ses marchandises importées, contre ceux des régions limitrophes : ivoire, café, cire, miel, gomme, peaux, graines oléagineuses, civette, etc... Le mouvement commercial a dépassé 53 millions en 1922, dont 25 millions pour les exportations.

Les statistiques italiennes passent sous silence

les chiffres relatifs aux échanges par caravanes avec la Côte française des Somalis ; cette lacune nous paraît regrettable, car le commerce par mer entre les deux colonies atteignait 685.000 lires la même année d'après les mêmes statistiques.

Notons encore, parmi les grands travaux d'utilité publique dont l'influence sur le développement de l'Érythrée est primordiale, les installations hydro-électriques de Belesa et le barrage du détroit de Tessenei, de construction toute récente.

L'usine de Belesa est la première de l'Afrique orientale et sa capacité de production annuelle dépasse deux millions et demi de kilowatts ; elle distribue la force et la lumière à toute la Colonie. Située un peu au nord de Massaouah, dans une région complètement dénudée, elle utilise comme tributaire par captage des eaux une superficie de 18 kilomètres carrés et est alimentée par trois réservoirs de la contenance respective de 870.000, 780.000 et 1.800.000 mètres cubes. L'eau de décharge de ses centrales contribue en outre à l'irrigation de la petite plaine de Dorfu, en vue de diverses cultures tropicales, telles qu'orangers, citronniers, caféiers, bananiers et céréales.

Mais l'ouvrage le plus important est sans contredit le barrage du détroit de Tessenei (1), travail considérable, terminé et inauguré récemment, et qui permet l'utilisation des eaux du Gasc, l'un des torrents les plus intéressants d'Érythrée, prend plusieurs noms sur son long parcours, Mareb, Sona et Gasc, pour se perdre finalement dans la plaine détritique et brûlante de la Taka. Son bassin imbrifuge, sans embouchure à son débouché au détroit de Tessenei, presque aux confins de la colonie et du Soudan anglo-égyptien, couvre une superficie totale de 22.000 kilomètres carrés.

La digue de barrage, d'une longueur de 250 mètres et d'une hauteur de 6 m. 80, complétée d'une série de canaux et d'un système d'irrigation méthodique, rendra possible l'exploitation de plus de 10.000 hectares de terres fertiles et particulièrement propices à la culture du coton, de la dourah (sorgho), du maïs, du sésame et de l'arachide ; le Gouvernement de la Colonie a même inscrit dans son programme la création de fermes et d'industries agricoles dans cette zone.

Les réseaux télégraphiques, téléphoniques et radiotélégraphiques sont déjà relativement

---

(1) *Irrigazione della pianura di Tessenei.* Rome, 1924, Ministero delle Colonie.

étendus en Érythrée. Actuellement la plupart des centres possèdent leur bureau et la station radiotélégraphique d'Asmara est reliée à Rome par celle de Massaouah (1).

La colonie est en outre réunie à l'Italie par plusieurs lignes de navigation appartenant à des sociétés italiennes. Les grands courriers italiens d'Extrême-Orient font escale à Massaouah, dont le tonnage croît chaque année et où converge, nous l'avons dit, non seulement tout le commerce érythréen, mais encore la plus grande partie du commerce abyssin qui n'est pas accaparé par Djibouti, abstraction faite du transit et du cabotage local (2).

Le commerce extérieur de l'Érythrée a at-

____

(1) A deux mois de distance de l'inauguration du Service radiotélégraphique direct Somalie-Rome, on vient d'inaugurer au début d'août 1926 un poste très puissant à Asmara, qui assurera d'une manière continue, même dans les plus mauvaises conditions atmosphériques, les communications gouvernementales et privées entre l'Érythrée et l'Italie.

(2) Le Gouverneur de l'Érythrée, Comm. Gasperini, vient d'exposer, dans un interview publié dans le *Giornale d'Italia* du 7 octobre 1926, les différents problèmes de la colonie. L'un de ces problèmes, a dit le gouverneur, dont dépendait notre œuvre de pénétration commerciale dans les régions de la côte arabe, était celui de la communication directe entre les deux rives de la Mer Rouge, et pour le résoudre, j'ai réussi à obtenir que les navires d'une nouvelle ligne de cabotage fassent des escales régulières dans les principaux ports arabes.

teint en 1922, 180 millions de lires, importations
et exportations comprises. Le commerce intérieur et surtout le transit et le cabotage local,
autrefois très florissants et qui constituaient
un des éléments d'activité du port de Massaouah, ont nécessairement subi le contre-coup de
la guerre, mais la reprise des relations avec la
côte arabe tend à leur rendre rapidement leur
première importance.

§ 5. — *Production agricole, industrielle et minière.*

L'agriculture, favorisée par le climat et par
les travaux d'irrigation faits par les Italiens,
notamment par les barrages de Zula et du haut
Falcat, est la principale source de prospérité du
pays. La culture du coton s'annonce pleine de
promesses (1). La culture du tabac a été tentée
avec un succès initial, qui a permis l'ouverture
d'une petite manufacture privée. De même les

---

(1) Le Gouverneur de l'Érythrée, Comm. Gasperini,
estime « qu'un des ganglions vitaux de l'Érythrée et
du Tessenei est la culture du coton, qui est déjà com-
mencée sur une aire qui atteint 1.000 hectares ». On
espère, d'après une estimation d'avril 1926, pouvoir
fournir à l'industrie textile italienne une quantité annuelle de 3.000 tonnes.

Il ajoute que « dans l'ensemble, l'organisme de l'Érythrée démontre qu'il est susceptible de réalisations et
d'importants développements ».

plantations de café et de lin ont donné d'excellents résultats.

Mais les Italiens ont porté leur effort principal sur l'exploitation des produits du doumier ou palmier-doum, qui réussit admirablement à l'état sauvage dans les vallées du Barca, du Setit et du Gasc. Son fruit, d'ailleurs comestible et très apprécié des Arabes en général, contient en effet un noyau utilisé dans l'industrie des boutons et connu sous le nom d'ivoire végétal. L'existence d'un nombreux bétail bovin et ovin a également facilité l'éclosion d'une industrie nouvelle et pleine d'avenir, celle des conserves de viande en boîte.

Nous avons déjà insisté sur la richesse de la mer en fonds perliers et en poissons. Les salines de Massaouah, données en concession à une société privée, apportent également un appoint précieux au commerce d'exportation, surtout sur les marchés indiens. La valeur du sel marin, exporté presque intégralement aux Indes anglaises, s'est élevée en 1922 à environ 3.500.000 lires (1). Un autre élément appréciable de richesse est constitué par les gisements de potasse de Dallol.

---

(1) *Statistica del Commercio delle colonie italiane nel* 1922-23, Ministero delle Colonie.

Enfin l'abondance et la variété de la faune sauvage érythréenne a donné naissance à un dernier commerce d'exportation caractéristique, pour la fourniture d'animaux aux jardins zoologiques du monde entier (1).

§ 6. — *Régimes foncier, financier et fiscal.*

Le régime foncier de l'Érythrée est basé sur ce principe que la propriété du sol appartient à l'État italien, sous réserve des droits acquis antérieurement par les populations indigènes, conformément à leurs anciennes coutumes, et de ceux appartenant à des tiers, en vertu de

______

(1) L'invention sensationnelle de Georges Claude et Paul Boucherot, pour l'utilisation de l'énergie thermique des mers tropicales (communication à l'Académie des Sciences du 15 novembre 1926), a eu une répercussion considérable en Italie, car l'économie de colonies telles que l'Érythrée et la Somalie est appelée grâce à elle à une véritable révolution.

On sait que le principe de cette invention consiste à utiliser la différence de température d'environ 23° existant entre les eaux de surface à 28° et celles situées à 1.000 mètres de profondeur, qui sont à 5° environ.

En pratique, l'eau de surface, sans avoir besoin d'être chauffée, entrera en ébullition grâce à une pompe à vide et se dirigera vers un condenseur refroidi avec l'eau provenant du fond de la mer.

On pense que l'énergie fournie par la vapeur sera équivalente à celle produite par la même masse d'eau tombant de 100 mètres et que l'installation d'une usine

titres reconnus par l'Etat (Décret royal du 31 janvier 1909, n° 378).

Ce principe une fois posé, les terres de la colonie ont été réparties en deux catégories distinctes, celles dites « de droit indigène », et celles dites « de droit italien ».

Le régime des premières dépend entièrement du droit coutumier, abyssin ou islamique ; elles sont frappées d'un impôt foncier, ordinairement englobé dans le tribut annuel prélevé sur les populations par le Gouvernement colonial.

Les terres « de droit italien » sont à leur tour divisées en terres domaniales et en terres du domaine public, disponibles ou non disponibles. Cette répartition, conforme au droit métropoli-

---

industrielle ne coûterait pas plus cher que l'équipement d'une chute d'eau.

D'autre part, non seulement on obtiendra de la force motrice, mais encore des torrents d'eau froide, fort appréciables en pays chauds.

On peut rapprocher de cette invention celle de trois Italiens, MM. Romagnoli, Dorning et Boggia, de Milan, qui ont songé également à utiliser l'énergie thermique des eaux par un procédé analogue, en tirant notamment partie de la différence de température qui existe en été dans les lacs italiens.

Mais où la découverte de MM. Claude et Boucherot s'affirme supérieure et en relation directe avec le but de notre étude, c'est dans le fait qu'elle recourt aux eaux des tropiques, ce qui permet de tirer parti de l'énergie de la mer, non pas seulement pendant une seule saison, mais durant toute l'année.

tain, appelle cependant une remarque importante, en ce sens que les terrains bâtis, qu'ils appartiennent ou non à des indigènes, restent toujours soumis au droit italien.

Le régime foncier érythréen est d'ailleurs en voie de réorganisation et sera probablement modifié sensiblement, dans un proche avenir.

Les terres disponibles du domaine public, à l'encontre des non disponibles, peuvent être aliénées ou données en concession par le Gouvernement aux fins de colonisation. La réglementation des concessions a fait l'objet du décret du 31 janvier 1909, disposition essentielle et qui s'inspire heureusement des conditions locales. Les terres disponibles sont en effet de nature si différente qu'il a semblé pratiquement impossible de les soumettre à un régime identique. On peut ranger dans une première catégorie celles du plateau et dans une seconde celles des dépressions orientales et occidentales.

Sur le plateau, des conditions climatiques particulièrement propices rendent la petite colonisation possible, mais les terrains y sont déjà insuffisants aux besoins de la population indigène, exclusivement agricole et qui s'adonne entièrement à la culture des céréales et à l'élevage du bétail. Par conséquent les terres utiles du plateau, d'une superficie limitée, et qui ont pu être autrefois disponibles, ne le sont plus désormais.

La situation est toute différente dans les zones basses orientale et occidentale. Le plateau inférieur oriental, en bordure de la mer Rouge, à climat très chaud, contient de nombreuses terres disponibles et favorables à certaines cultures industrielles à haut rendement, telles que la dourah, le maïs et le coton. Mais la rareté des pluies et l'insuffisance de cours d'eau continus ou intarissables rendra indispensable l'exécution de grands travaux hydrauliques, en vue de recueillir et de distribuer les eaux des torrents qui vont se perdre dans la mer pendant la saison des pluies.

Actuellement, à Emberemi, Uachirà et Mersa Taclai, les indigènes eux-mêmes ont créé d'importantes entreprises agricoles, qui suffisent en grande partie à l'alimentation de la population de la région. A Zula, en outre, une société a affecté de gros capitaux à l'irrigation d'une vaste étendue d'environ 4.000 hectares.

Le plateau inférieur occidental est aussi riche en terres disponibles, mais réalise des conditions d'exploitation beaucoup plus faciles que les précédentes. Le climat plus sain est exempt de la chaleur suffocante qui, dans la zone orientale, rend la vie presque intolérable aux Européens ;

l'influence bienfaisante des pluies du haut plateau érythréen s'y fait sentir, influence d'ailleurs partielle et insuffisante. Il y aura lieu là également d'entreprendre des travaux d'irrigation, au moins dans certaines régions.

Ces possibilités d'exploitation agricole des zones inférieures orientale et occidentale appellent cependant une réserve. Insistons sur ce point capital qu'elles sont absolument impropres à la petite colonisation, alors qu'elles réunissent la plupart des éléments nécessaires au succès d'industries agricoles, disposant de capitaux élevés et d'une direction technique expérimentée.

Les auteurs du décret du 31 janvier 1909 se sont donc inspirés avec raison de ces conditions diverses et leur attention a été attirée en premier lieu par les terres du bas plateau oriental et occidental.

Le décret limite en principe la superficie maximum des concessions accordées dans ces deux zones à 10.000 hectares. Mais cette disposition n'est pas impérative et souffre des tempéraments, d'ailleurs exceptionnels, si la nature spéciale des cultures envisagées par le postulant et les travaux qu'elles peuvent entraîner rendaient cette superficie insuffisante ; elle pourrait alors être augmentée, mais sans pouvoir jamais excéder 25.000 hectares.

La durée des concessions est fixée à quatre-vingt-dix-neuf ans au plus. L'acte de concession prévoit le taux de la redevance annuelle, la durée des prorogations éventuelles, le montant du capital que le titulaire s'oblige à affecter à l'exploitation, les travaux à exécuter, sous peine de déchéance partielle ou totale de la concession, et en général toutes les obligations imposées au concessionnaire.

En outre, le concessionnaire bénéficie de facilités et d'exemptions variées, telles que l'introduction en franchise de ses machines, instruments, outils, etc..., l'exemption d'impôts pendant dix ans et enfin la faculté d'obtenir de l'Administration certaines ouvertures de crédit.

Cet ensemble de mesures judicieuses a pour but d'encourager l'œuvre de colonisation et les premiers résultats acquis légitiment les espoirs les plus solides.

En Érythrée, le domaine éminent de toutes les terres appartient donc au Gouvernement colonial. De plus, l'institution d'un cadastre réservé aux terres du domaine public disponibles et dont la valeur probatoire est absolue, permet, par l'inscription dans ses registres, d'obtenir un titre certain et incontestable, tant en ce qui concerne leur propriété que les autres droits réels immobiliers.

Seules sont inscrites au cadastre les terres du domaine public disponible ; n'en sont au contraire pas susceptibles celles du domaine non disponible, ou encore celles qui appartiennent à des indigènes et sont par conséquent inaliénables, à moins que n'intervienne un fait nouveau, de nature à modifier leur nature juridique et à faire mettre au nombre des terres du domaine public disponible (par exemple leur abandon ou leur transformation en terrains bâtis depuis trois ans environ, l'extinction des familles auxquelles les anciens Gouvernements avaient concédé les terrains soumis aux régimes islamiques ou abyssins, etc...).

Font également partie du domaine public disponible les mines, les salines et les carrières, auxquelles est applicable un régime spécial (décret du Gouverneur du 26 mars 1918, n° 794) ; elles appartiennent de droit à l'État, seul fondé à délivrer les permis de recherche et à accorder les concessions, dont les modalités varient avec chaque espèce et dont l'acte stipule une redevance acquittable chaque année au Gouvernement de la colonie.

Les revenus de la colonie comprennent, outre les tributs imposés aux populations indigènes, les redevances des concessions minières et agricoles, les taxes sur le chiffre d'affaires, sur l'abatage des bestiaux, sur les constructions, sur les revenus immobiliers, etc..., ainsi que les recettes des postes, des télégraphes, de l'enregistrement et des douanes.

Les bureaux des douanes sont installés à Massaouah et à Assab. L'importation en franchise de toutes les marchandises italiennes est favorisée par des exemptions opportunes, alors que les produits étrangers sont assujettis à des droits d'importation *ad valorem*, légèrement supérieurs ou inférieurs, suivant les cas, à ceux du tarif douanier italien. De même, les matériaux nécessaires à l'établissement d'industries, la houille et le café du Yemen sont entièrement dégrevés.

Les droits à la sortie sont réduits à un simple droit de statistique extrêmement faible, et actuellement fixé à 1 p. 100 *ad valorem*, sur production de factures régulières. Pourtant un droit est perçu à la sortie des animaux sauvages, de la nacre et des thalers de Marie-Thérèse. Ces derniers, frappés en Autriche, représentent un véritable et important tribut annuel payé par la colonie à l'Étranger, et leur usage est enraciné dans les mœurs de toutes les populations éthiopiennes et de la côte arabe, non seulement comme monnaie, mais comme ornements féminins et amulettes. Depuis quelque temps cependant le Gouvernement s'efforce de répandre parmi les populations des confins celui du thaler érythréen, de même valeur que celui de Marie-Thérèse, mais frappé en Italie (1).

SECTION IV

SOMALIE

§ 1. — *Géographie, démographie, faune et flore.*

Située entre la Somalie britannique, le protectorat de l'Afrique orientale anglaise (2) et l'Éthiopie, la Somalie italienne se divise en Somalie méridionale et en Somalie septentrionale et couvre une superficie d'environ 400.000 kilomètres carrés. Elle comprend au nord les protectorats des Migiurtins, de Nogal et d'Obbia

---

(1) Une note du 4 novembre 1926 à la presse annonce que des négociations ont été entamées entre l'Italie et le royaume du Hedjaz, ainsi qu'avec le sultanat du Nedjed, pour la conclusion d'un traité d'amitié et d'un accord commercial, basé sur la garantie que le souverain des deux Etats doit donner au sujet du maintien du statu quo. Cette garantie est imposée par le fait qu'il existe une certaine tension de rapports entre l'Hedjaz et l'Yemen.

(2) Les Italiens désignent en général cette colonie sous le nom de « Chenia » ou « Kenia », montagne volcanique voisine de Méru et d'une altitude de 5.200 mètres environ.

et au sud le Bénadir, d'une étendue approximative de 150.000 kilomètres carrés.

Cette contrée très fertile et susceptible d'une intense colonisation agricole, si nous en jugeons par le succès des essais remarquables déjà tentés, doit être divisée physiquement en trois zones, celle des dunes alluvionnaires, celle des pâturages et enfin la zone côtière.

La Somalie est arrosée par deux grands fleuves, l'Uebi Scebeli et le Juba, cours d'eau à grand débit qui descendent du massif éthiopien. Elle est relativement peu peuplée ; les chiffres du dernier recensement accusent une population de 450.000 habitants, en majorité somalis, de race autochtone, mais dont la pureté est souvent altérée par les nombreux croisements ethniques résultant des invasions. La religion prédominante est le mahométisme, de secte chafaïte (1).

Le nombre des Européens ne dépassait pas 8 en 1921, alors que celui des Italiens atteignait déjà 658, tous résidant dans les principaux centres commerciaux et surtout dans les ports du Bénadir, dont le climat est assez égal toute l'année, en raison des moussons qui soufflent

____

(1) J. DE MARTINO, *La Somalia ini tre anni del mio governo*. Rome, 1922. Première partie.

constamment. Les conditions climatiques sont en effet beaucoup moins favorables aux Européens dans l'intérieur du pays, où les variations de température entre le jour et la nuit sont extrêmes.

La faune et la flore sont presque uniformes dans toute la région, à l'exception des zones fluviales, dont la végétation est exubérante et tropicale. Signalons parmi les essences les plus communes le palmier doum, le baobab, l'acacia à gomme résineuse et tannique, la sansevière et l'arbre à encens. La Somalie, surtout la région septentrionale du Sultanat des Migiurtins, a vraiment mérité son surnom de « terre des aromes » (1).

L'abondance et la variété d'une faune également toute tropicale et analogue à celle de l'Érythrée, n'a pourtant pas donné naissance, comme dans cette dernière colonie, à l'industrie des conserves en boîtes et des viandes congelées ; en revanche, celle du tannage des peaux est prospère et donne lieu à un actif commerce d'exportation par les ports de Mogadiscio, Brava, Merca, Itala et dans les deux grands centres

---

(1) Les exportations d'encens sur les marchés d'Aden, de Djibouti et de Bombay, ont atteint environ 5.927 quintaux en 1923-1924. V. *La Somalia italiana*, 1925, nº 4, Mogadiscio.

de Bardera et de Lugh, sur le fleuve Juba, où sont installés des bureaux de doüane, comme du reste à Giumbo, à Margherita, à Gelib et à Uarsciech.

Le produit des douanes de la Somalie est appréciable. Il s'est chiffré en 1922 pour les peaux, les céréales, etc..., à environ 26.000 lires à la sortie et à 5.500.000 lires à l'entrée, malgré les exemptions nombreuses destinées à encourager l'œuvre de colonisation.

Le commerce maritime est également en plein essor et son mouvement total a dépassé 244 millions de 1918 à 1922 ; la valeur du commerce par caravanes avec l'intérieur des colonnades, du sucre, etc... a dépassé 168.000 roupies en 1922, dont 40.000 pour les importations et 128.000 pour les exportations.

Enfin, la côte de l'Océan Indien est aussi poissonneuse que celle de l'Érythrée.

§ 2. — *Organisation politique et administrative.*

La Somalie est divisée politiquement en deux régions : la Somalie méridionale et la Somalie septentrionale.

La Somalie méridionale est soumise à la souveraineté directe et à l'autorité du Gouvernement colonial local. La Somalie septentrionale au contraire comprend trois territoires placés sous le protectorat de l'Italie et, conformément au principe du protectorat, qui ne crée aucun lien juridique proprement dit entre l'État protecteur et l'État protégé, personne morale, les chefs de ces territoires doivent se considérer comme agents de l'État protecteur, qui, seul, exerce sur le pays les droits souverains pleins et indiscutables (1).

Jusqu'à la période qui suivit immédiatement l'accession au pouvoir du Gouvernement fasciste, les territoires de protectorat dépendaient administrativement du Gouvernement de la Somalie, siégeant à Mogadiscio et représenté par un Résident auprès des Sultanats locaux.

L'occupation effective des Sultanats par les troupes indigènes italiennes a modifié la situation ; les Sultans ont perdu partie de leur autorité et de leur prestige et le régime politico-administratif de la Somalie méridionale a été étendu à plusieurs régions. «Les protectorats, lisons-nous dans le rapport préparatoire du budget de la Somalie italienne pour l'exercice 1926-27, présenté par le Comte de Vechi di Val Cismon, Gouverneur de la Somalie, ont désormais cessé d'exister sous la forme administra-

____

(1) F. Bassi, *La zone d'influenza*. Instituto coloniale italiano, 1921, Rome.

tive hybride antérieurement adoptée ; l'avance de nos troupes a ouvert la voie à la consolidation de l'organisation politique et administrative de ces régions, définitivement incorporées à la Somalie ».

La Somalie méridionale est dotée d'un système administratif excellent, dont l'application a donné des résultats d'autant plus remarquables que le pays est habité par des populations vivant encore à l'état semi-barbare et que la conquête de l'intérieur remonte à peine à quelques années.

A la tête de la colonie est placé le Gouverneur, qui assume tous les pouvoirs civils et militaires et exerce le pouvoir législatif et réglementaire par délégation du Parlement national dans la mesure où ce pouvoir n'a pas été réservé aux assemblées métropolitaines, comme, par exemple, pour les questions d'état des Italiens et des étrangers et les lois fondamentales en général.

Il n'existe en Somalie ni Parlement local, ni Conseil de Gouvernement, mais un simple Office de Gouvernement, composé des chefs des services administratifs (Loi du 5 avril 1908, nº 161), ce en vue de réaliser l'unité de direction de l'Administration coloniale.

Le territoire de la Somalie méridionale est

divisé en résidences, circonscriptions administrées par des résidents, dont les fonctions sont à la fois politiques, administratives et judiciaires. Les résidences se subdivisent à leur tour en vice-résidences.

Les rapports entre le Gouvernement et les populations indigènes sont assurés par l'intermédiaire des chefs indigènes, reconnus et pensionnés par le Gouvernement, qui peut d'ailleurs prononcer éventuellement leur déchéance.

Les résidents disposent seulement des bureaux de police commandés par des sous-officiers de carabiniers et du corps spécial indigène des « Gogles ».

§ 3. — *Justice, Cultes, Instruction publique, Législation sociale.*

L'administration de la justice est confiée en Somalie aux cadis pour les procès entre indigènes et assimilés, aux résidents et aux magistrats coloniaux pour ceux entre Italiens ou Européens.

Les principes fondamentaux de la loi islamique ou des coutumes locales sont applicables aux indigènes, suivant qu'il s'agit des Somalis ou des Arabes.

Une juridiction très originale et très caracté-

ristique est celle dite « de l'indigénat » (1), compétente en matière de délits commis au cours
de guérillas ou de razzias entre tribus ou pour
la répression d'actes qui, sans constituer à proprement parler des crimes, sont de nature à
entraver l'action du Gouvernement auprès des
tribus ; parmi ces actes, citons le refus de prêter
assistance aux autorités en cas de nécessité et
pour les réquisitions. Cette institution de l'indigénat, qui laisse au juge une liberté entière, a
pleinement atteint son but et répond d'ailleurs
à un principe d'équité.

Le tribunal de l'indigénat est présidé par le
résident et composé de fonctionnaires italiens
et de chefs indigènes.

Etant donné l'état de civilisation primitive
de la Somalie, la réglementation de l'instruction publique n'est pas en question, malgré
l'existence d'écoles primaires et d'écoles d'arts
et métiers, dont l'enseignement respecte scru-
puleusement, comme dans les autres colonies
italiennes, les traditions et la religion des indigènes.

L'application des lois sociales métropolitaines
y est également sans objet, en raison du nombre

------

(1) En italien : « indiginata ». G. CIAMARRA, *La giustizia in Somalia*. Ministero delle Colonie, 1916.

infime des Occidentaux résidant. Signalons cependant que les passagers de troisième classe ne sont autorisés à débarquer dans les ports de la colonie qu'après dépôt d'une somme équivalente au prix du passage de retour, mesure analogue à celle prise en Érythrée et destinée à refouler les immigrants privés de moyens d'existence.

§ 4. — *Travaux publics.*

Des conditions locales différentes, l'essor encore relatif de la colonisation et le petit nombre des Européens établis en Somalie, n'ont pas permis d'y entreprendre des travaux d'utilité publique comparables à ceux que nous avons constatés en Érythrée.

Mais le Gouvernement a pris une très heureuse initiative en décidant l'érection de phares puissants au cap Guardafui, à l'extrême pointe de la Somalie septentrionale et à l'entrée du golfe d'Aden, phares absolument indispensables à la sécurité de la navigation dans ces parages que la configuration des côtes rend particulièrement dangereux.

Le pays des Migiurtins a toujours été réputé pour ses nombreux naufrages et il était d'autant plus nécessaire de remédier à la situation que les indigènes en profitaient pour tromper par des feux les navires appelés à doubler le cap pendant la nuit, exercer ensuite leur droit d'épave et piller au besoin les naufragés.

Une ligne de chemin de fer fonctionne actuellement entre Mogadiscio et Afgoi, avec prolongements éventuels sur Baidoa et Lugh, sur le fleuve Juba (1). En attendant la terminaison des travaux, le Gouvernement a fait construire il y a quelques années une route carrossable de 1.500 kilomètres, destinée à réunir, non seulement les différentes résidences du bassin du Juba, mais aussi celles du bassin de l'Uebi Scebeli.

Des travaux d'une certaine importance ont également été exécutés le long de ces deux fleuves en vue de permettre la navigation de convois fluviaux ; cette navigation, à laquelle sont affectés des bataillons mariniers et des bateaux spéciaux, permet d'assurer le service de la grande entreprise agricole fondée sur l'Uebi Scebeli par la Société Italo-Somala, sous

____

(1) Un projet grandiose et que les Italiens souhaitent de voir se réaliser dans un avenir assez proche, consisterait à réunir les réseaux de la Somalie et de l'Érythrée à travers l'Éthiopie par Addis-Ababa où la nouvelle ligne rencontrerait la ligne française de Djibouti. Il est très probable que le récent accord anglo-italien n'a pas négligé cette question.

la présidence du Duc des Abruzzes. Cette société, en employant plusieurs dizaines de millions, s'est, par des travaux de barrage, de dérivation et de canalisation, attachée à la mise en valeur, dans la vallée de l'Uebi Scebeli, de plus de 25.000 hectares de terres se prêtant à la culture du coton et de la canne à sucre.

La Somalie est reliée à l'Italie par les lignes maritimes qui font le service d'Australie et radiotélégraphiquement. Plusieurs stations radiotélégraphiques desservent en outre les principaux centres de la colonie.

§ 5. — *Production agricole, industrielle et minière.*

La petite agriculture indigène est assez pauvre en Somalie et suffit à peine à la consommation locale, mais la grande industrie agricole, dans son acception la plus moderne, y est susceptible d'un développement intense et les terres favorables aux cultures tropicales en général, notamment à celles du coton, de la canne à sucre, du sésame et du kapok, y sont nombreuses.

Ces éléments resteraient pourtant insuffisants, sans une mise en valeur basée sur de puissants moyens de production, rarement à la portée d'initiatives individuelles. Aussi, quelques grandes sociétés, actuellement en pleine prospérité, y ont-elles déjà consacré des capitaux élevés, par exemple celle fondée par le Duc des Abruzzes, que nous avons mentionnée précédemment, sans parler de l'entreprise gouvernementale de Genale, ce qui permet de prévoir que l'exportation de coton de la Somalie doublera d'une année à l'autre. Toutes ces sociétés sont tenues de passer des contrats de collaboration avec les indigènes, à moins qu'il ne s'agisse d'exploiter des terres directement concédées par le Gouvernement colonial.

L'élevage du bétail, facilité par d'abondants pâturages naturels, est également important, malgré les épidémies fréquentes de peste bovine qui déciment trop souvent le cheptel local. Pour combattre ce fléau et limiter en tout cas ses effets déplorables qui se répercutent sur l'économie de la colonie, on a créé avant la guerre à Merca un Institut séro et vaccinothérapique pour la prophylaxie de la peste bubonique.

L'Institut assume la fabrication du sérum antipesteux et la vaccination du bétail tous les deux ans. On estime à 70.000 le nombre des bêtes vaccinées au cours de la campagne 1924-1925, alors qu'il n'avait pas dépassé 2.000 pendant celle de 1914-1915, au début du fonctionnement de l'Institut. La production de la dernière campagne a atteint 90.000 ampoules de sérum environ.

Aujourd'hui et grâce à l'œuvre bienfaisante de cet Institut on peut considérer le fléau de la peste bovine comme définitivement enrayé, au grand bénéfice des Kabyles, dont l'élevage constitue la principale ressource.

Les richesses minérales de la Somalie sont, jusqu'à plus ample informé, négligeables, si nous en exceptons les riches salines de Ras Ahfun, dans le Sultanat des Migiurtins, dont la production est vendue dans le proche Orient asiatique.

§ 6. — *Régime foncier, financier et fiscal.*

La propriété des terres, suivant les traditions indigènes, appartient à la communauté. Il n'existe donc pas en Somalie de propriétaires fonciers, mais de simples concessionnaires, ou plutôt des usufruitiers, qui, conformément au droit coutumier, ne peuvent être que les familles nobles.

Après l'extension de la souveraineté italienne sur le territoire de la Somalie, le Décret royal du 8 juin 1911 institua un nouveau régime caractéristique pour les terres disponibles, autorisant le Gouvernement colonial à les donner en con-

cession aux colons qui en feraient la demande.
Sont qualifiées disponibles, les terres « sur lesquelles n'existe aucun droit valablement re-
connu, appartenant à des sujets italiens ou
étrangers, et celles qui ne sont pas cultivées ou
utilisées d'une façon permanente par des indigènes ou des collectivités indigènes ». Le soin
de préciser la nature de ces terres est laissé à
des commissions spéciales.

Jusqu'à présent le Gouvernement de la Somalie a accordé un certain nombre de concessions, surtout dans la zone de Genale, dans le
bas Uebi, où il a créé un vaste domaine d'essai
pour les cultures tropicales.

Le budget de la Somalie est alimenté essentiellement par les droits à l'entrée et à la sortie.
Les recettes suivent une ligne constamment as-
cendante et le mouvement commercial a dépassé
le chiffre intéressant de 61 millions en 1922.

L'unité de monnaie courante est encore,
comme par le passé, la roupie italienne, jusqu'à
son remplacement prochainement envisagé par
la lire.

La Somalie est incontestablement appelée à
un grand avenir économique, d'autant plus que
son territoire vient de s'accroître des régions
situées sur la rive droite du Juba, le grand fleuve
qui descend du haut plateau éthiopien pour se

jeter dans l'Océan Indien. Ce nouveau territoire forme le Transjuba (ancien Jubaland) et fait en ce moment l'objet de sérieuses études techniques.

La Somalie et le Transjuba constituent désormais une seule colonie, d'un développement côtier dépassant 2.300 kilomètres entre le 49º méridien dans le golfe d'Aden et Porto-Dumfort sur l'Océan Indien, et couvrant une superficie de plus de 600.000 kilomètres carrés, énorme en comparaison d'une population très réduite, comprenant une proportion infime de blancs.

La réunion à la Somalie du Transjuba, aujourd'hui presque désertique et que les Anglais avaient laissé dans un état de colonisation plutôt rudimentaire, donnera bientôt à l'Italie l'un des plus beaux fleurons de sa couronne d'outre-mer (1).

---

(1) Le tableau suivant indique les chiffres exacts en lires du mouvement commercial total des quatre colonies italiennes en 1913 et en 1922 et ceux du mouvement commercial entre l'Italie et ses colonies en 1921 et 1922 (pour ces derniers, les statistiques de 1913 ne donnent des chiffres ni exacts, ni complets) :

ANNÉES	Importations d'Italie ou de l'Étranger	Exportations en Italie ou à l'Étranger	TOTAUX
1913	60.975.849	18.096.847	79.072.696
1921	292.296.971	80.787.116	373.084.087
1922	307.402.261	66.039.638	373.441.899

SECTION V

ORGANISATION MILITAIRE DES COLONIES ITALIENNES

La garde des quatre colonies est confiée à des troupes composées principalement d'éléments coloniaux dont l'Italie est justement fière et qui ont déjà maintes fois payé l'impôt du sang à la Mère Patrie.

N'insistons pas sur l'organisation militaire de la Tripolitaine et de la Cyrénaïque, que l'état de guérilla perpétuelle n'a pas encore permis d'établir sur des bases solides, et tenons-nous-en à celle de la Somalie et de l'Érythrée, dont les corps indigènes d'occupation sont en majeure partie recrutés sur place et en minorité dans l'Yemen et sur la côte d'Arabie.

Le corps royal de l'Érythrée comprend quatre bataillons indigènes, un groupe d'artillerie, quel-

---

La valeur des marchandises exportées d'Italie dans les colonies a atteint en 1922 151.131.715 lires et celle des marchandises exportées des colonies en Italie 24.858.340 lires.

Les marchandises italiennes importées dans les colonies en 1922 représentent donc 49,16 p. 100 du total des importations et les marchés italiens absorbent 37,64 p. 100 des marchandises exportées des colonies.

ques sections de mitrailleuses, une compagnie de radiotélégraphistes, une de services divers et enfin une compagnie de bersaglieri. Le seul mode de recrutement local est l'engagement volontaire de trois ans. A l'expiration de leur engagement, les enrôlés passent dans la milice mobile. En cas de nécessité, le Gouverneur a le pouvoir de décréter la levée en masse pour la défense de la colonie de tous les hommes valides (au total 7.000 hommes).

La police de la mer Rouge est assurée par quelques garde-côtes ; en outre, plusieurs stationnaires de la flotte de guerre restent en permanence à Massaouah et leur commandement appartient à l'officier supérieur en grade, mais sous la dépendance du Gouverneur. Le service des phares est assumé par des détachements spéciaux de marins.

Le corps royal de la Somalie comprend dix compagnies et seize sections de mitrailleuses, avec des services divers, soit en tout 4.000 hommes, recrutés en partie à Aden, dans l'Yemen et dans l'Hadramaout. Un stationnaire exerce la police dans l'Océan Indien et des détachements de marins assurent le service des phares et des postes radiotélégraphiques de la côte.

DEUXIÈME PARTIE

LA MAIN-D'ŒUVRE

CHAPITRE PREMIER

Le problème démographique, la surabondance de la main-d'œuvre métropolitaine et les colonies italiennes.

Le peuple italien est un des plus prolifiques du monde. La population italienne, en progression régulière, tend naturellement à déverser son trop-plein dans les pays qui accusent une diminution annuelle et constante de natalité, ou dont l'extension territoriale est disproportionnée à la densité de population, ou enfin que l'intensité de leur production agricole et industrielle oblige à recourir à la main-d'œuvre étrangère.

Il n'est pas un marché du travail qui n'apprécie l'activité de ces émigrants italiens, dont les nombreux contingents annuels quittent leur province d'origine pour aller chercher ailleurs, non des terres à conquérir, mais les moyens d'existence que la Mère-Patrie ne peut malheureusement leur fournir, en raison de sa situation démographique actuelle, comparée à la superficie de son territoire et à la richesse relative de l'État.

Le nombre total des ouvriers mis par la nation italienne à la disposition des marchés du travail étrangers est en effet extrêmement élevé. La moyenne annuelle de l'émigration pendant la période décennale 1903-1913 était estimée à 670.000 personnes.

Ce chiffre a, il est vrai, diminué sensiblement après la guerre, mais les causes de cette diminution sont faciles à découvrir ; il faut les chercher en premier lieu dans les dispositions adoptées en Amérique en vue de mettre obstacle à l'immigration des pays à population surabondante, et, à un degré moindre, dans la nouvelle politique de l'Italie qui l'a incitée à exercer une surveillance sévère sur la sortie de ses propres travailleurs, dans un but de protection, et même à leur interdire d'émigrer dans les États où la condition des ouvriers italiens n'est pas encore garantie par des accords entre les Gouvernements.

Néanmoins les chiffres de l'émigration italienne se sont élevés à 407.000 en 1923 et à 402.000 en 1924, chiffres dont il faut, il est vrai, retrancher ceux des rapatriés, évalués au quart

environ des précédents, soit à 287.000 individus au cours des deux années 1923 et 1924 (1).

Les statistiques officielles nous renseignent
également sur l'âge, la profession et la destination des émigrants. Pendant la même période
1923-1924, le nombre des émigrants de plus de
quinze ans a atteint 164.000 pour les agriculteurs, environ 95.000 pour les maçons, tailleurs
de pierre et forgerons, 54.000 pour les ouvriers
d'industries diverses et plus de 90.000 pour les
manœuvres. Près de 421.000 se rendirent en
France et dans la Principauté de Monaco, d'où
152.000 regagnèrent l'Italie avant la fin de 1924;
3.000 se dirigèrent vers la Tunisie, environ un
millier vers l'Algérie et 900 vers le Maroc. Le
reste, équivalent approximativement à la moitié
du contingent total, se répartit entre les marchés
du travail les plus divers et les plus lointains.

Les chiffres de l'émigration italienne en Europe et dans l'Afrique française du Nord pour
1925, publiés seulement en juillet 1926, accusent déjà un ralentissement sensible, sans être
pourtant et de beaucoup, comparable à celui
de l'émigration plus lointaine, ralentissement
qui va s'accentuer encore en 1926.

---

(1) Statistique publiée par le Commissariat général
de l'émigration dans le *Bulletin de l'émigration*. Rome,
1925, n° 1.

En 1925, cette émigration italienne n'a pas dépassé 207.617 personnes. Sur ce nombre, 174.445 se sont dirigées vers la France et 2.999 vers la Tunisie. La Vénétie est en tête avec 69.000 émigrants, qui se sont presque tous établis en France. Vient ensuite la Lombardie avec 29.000, dont 21.000 sont en France. Les autres régions ont fourni un chiffre d'émigrants inférieur.

Quant aux Italiens qui sont retournés dans leur pays, on en évalue le nombre à 122.160, avec une augmentation de 14.739 par rapport à 1924. Le pourcentage des rapatriés s'élève donc à 53 p. 100.

Enfin la statistique publiée le 30 octobre 1926 pour les neuf premiers mois de l'année, nous indique que pendant cette période 174.738 Italiens ont émigré, dont 112.677 dans les pays continentaux et 62.061 au delà de l'Océan.

Mais, en ce qui concerne spécialement l'immigration étrangère et plus particulièrement italienne en France, il y a lieu de tenir compte, comme l'a fait justement remarquer M. Paul Erio, dans un article fort bien documenté (1),

---

(1) Paul Erio, Nos frontières sont-elles suffisamment surveillées ? *Le Journal* du 19 novembre 1926.

M. Erio nous expose pourquoi la surveillance des 800.000 Italiens, des 470.000 Espagnols, des 460.000

que les statistiques n'ont qu'une valeur toute relative. En dehors des ouvriers manuels qu'elles dénombrent et indépendamment des touristes, on estime en effet que 300.000 étrangers, échappant à tout contrôle, vivent en France, au moins une partie de l'année. Ce sont les ouvriers dénommés « saisonniers », qui viennent chez nous à l'époque de la moisson, des vendanges, des semailles. Ces individus, parmi lesquels figurent les pires indésirables : repris de justice,

---

Belges, des 310.000 Polonais, des 150.000 Suisses, des 90.000 Russes transplantés chez nous n'est pas aisée.

Outre les réfugiés politiques, qui sont les plus turbulents et qui représentent des agglomérations nombreuses, puisque dans le seul département des Alpes-Maritimes, 60.000 Italiens ont été recensés, d'autres étrangers doivent être l'objet d'un contrôle constant.

Il importe de songer qu'après des années de production intensive, une crise de chômage peut se produire. Que deviendraient dans ce cas les centaines de milliers d'étrangers qui sont installés en France dans l'espoir de gagner leur vie ? En prévision d'une semblable crise, le Ministre de l'Intérieur a appelé l'attention de son collègue du Travail sur l'intérêt qu'il y a à réduire au minimum l'entrée des ouvriers étrangers en France. C'est parfait, à la condition que ces derniers ne puissent pas y pénétrer en fraude, d'autant plus que, dans leurs rangs, on retrouve tous les fauteurs de troubles.

A cet effet la Chambre a voté le 24 avril dernier une loi créant un corps d'inspecteurs de la Sûreté générale, ayant mission d'exercer dans les milieux étrangers un contrôle régulier et méthodique et de la formation duquel M. Chiappe s'occupe actuellement. La loi est pendante au Sénat.

déserteurs, etc..., sont justement ceux qui passent clandestinement la frontière et contre lesquels on est le moins armé, alors qu'ils constituent, à tous points de vue, les éléments les plus dangereux pour notre pays. Repassent-ils tous la frontière la saison terminée ? C'est douteux (1).

Quoi qu'il en soit, nous estimons que la presse italienne a le devoir d'éclairer ses lecteurs sur notre droit strict de proportionner l'immigration italienne, comme les autres, non seulement à nos besoins réels, afin que les ouvriers étrangers ne viennent pas provoquer le chômage des ouvriers français en prenant leur place, et de la subordonner à certaines conditions.

Il convient en effet de se préoccuper de la qualité des immigrants ; nous avons besoin d'immigrants bien portants, honnêtes et travailleurs,

____

(1) Le Ministère de l'Intérieur communique le 28 décembre dernier l'état de la population de la France en 1926, tel qu'il résulte du recensement effectué au mois de mars.

La population totale de la France est de 40.743.851 individus. Dans ce total, les Français figurent pour 38.245.621 et les étrangers pour 2,498.230.

Au précédent recensement du 5 mars 1921, la population française avait été fixée à 39.209.666. On enregistre donc un accroissement d'environ 1.500.000 habitants ; mais dans cette augmentation, les Français interviennent pour moins d'un demi-million et les étrangers pour plus d'un million.

et les avantages dont bénéficient les immigrants
appellent cette juste compensation. Or, parmi
les étrangers qui franchissent notre frontière, il
s'en trouve beaucoup trop qui sont atteints de
tares physiologiques, qui ont subi des condam-
nations dans leur pays d'origine, ou qui enten-
dent vivre sur notre sol de trafics plus ou moins
licites et non de l'exercice d'une profession
honorable. Nous passons sous silence les agita-
teurs politiques et sociaux, et les agents provo-
cateurs, à quelque parti qu'ils appartiennent,
mais dont de récents incidents ont mis en lumière l'action néfaste, même au point de vue
des bons rapports entre la France et l'Italie.

« Charbonnier est maître en sa maison. »
C'est ce qu'a fort bien exprimé M. Landry,
rapporteur du budget du Travail, de l'Hygiène,
de l'Assistance et de la Prévoyance sociales,
dans le rapport qu'il vient de faire distribuer à
la Chambre, en prévision de la discussion de
ce budget.

« Pour le contrôle qui s'impose, écrit-il avec
raison, nous n'avons qu'à nous inspirer de
l'exemple donné par les Etats-Unis (1). Le

____

(1) Le rapport annuel du Ministre du Travail améri-
cain, M. Davis, montre avec quelle sévérité sont appliquées, cette année, aux Etats-Unis, les lois sur l'immigration.

On y voit qu'au cours de 1926, plus de 10.000 étran-

triage des immigrants est assurément chez nous beaucoup plus difficile qu'aux Etats-Unis pour des raisons géographiques et autres. Ce n'est pas un motif pour ne pas nous efforcer de l'organiser sérieusement. Cette sélection une fois opérée, il nous reste, tout en assurant la protection de nos lois aux étrangers admis chez nous, à veiller à ce qu'ils ne puissent être, pour notre pays, une source de difficultés, et sans exercer sur eux aucune contrainte, à nous efforcer d'en assimiler un aussi grand nombre que possible. »

« Faisons en sorte que nos immigrants soient répandus dans un milieu français et non pas groupés en agglomérations compactes ; enseignons-leur notre langue ; nous les verrons alors adopter rapidement nos idées et bon nombre demanderont la nationalité française, que nous n'aurons aucune raison de leur refuser, bien au contraire, s'ils offrent les garanties nécessaires, et surtout s'ils ont des enfants. »

Ces sages paroles, les Italiens le reconnaîtront,

---

gers, dont les papiers ou le statut ne furent pas jugés suffisants par les autorités, ont été inexorablement expulsés.

Ce rapport est loin de comprendre la totalité des étrangers à qui est refusée la faculté de séjourner aux Etats-Unis. Le rapport de M. Davis signale en effet que plus de 20.550 étrangers qui s'y rendaient, s'en sont, en outre, vu interdire l'accès. Ceux-là ont été rembarqués séance tenante pour leur pays d'origine.

correspondent purement et simplement à l'exercice légitime de notre droit de souveraineté.

Le problème démographique italien se révèle
donc, si nous en jugeons par les chiffres précédents, et malgré une amélioration plus appa-
rente que réelle, particulièrement angoissant.
Sans doute peut-on espérer en atténuer en partie la gravité par l'utilisation en Italie même
d'une main-d'œuvre plus abondante ; l'exploitation progressivement intensive du pays, tant
au point de vue agricole qu'industriel, article de
foi du fascisme, semble pourtant devoir atteindre assez rapidement les limites que lui assi-
gnent et sa superficie relative et la pénurie de
ses ressources en matières premières (1).

------

(1) L'importance de cette question appelle quelques
explications.

Jusqu'à il y a trois ou quatre ans, l'Italie pouvait
être divisée en deux parties nettement distinctes :

L'une — celle du Nord — naturellement fertile et
dont la population plus avancée substituait presque
toujours son initiative à celle de l'Etat en matière de
travaux publics, et qui augmentait sans cesse sa prospérité.

L'autre — celle du Sud — où la fertilité du sol ne
pouvait être mise en valeur que par de gigantesques travaux d'assainissement, par la construction de routes et
de lignes de chemin de fer, et dont la population, moins
avancée, attendait de l'Etat l'initiative, l'aide, l'exécution.

Or, on ne peut pas affirmer que l'Etat fut, dans le
passé, tout à fait sourd aux invocations des populations

Si la solidarité économique entre les nations européennes, à défaut de l'Amérique, paraît s'imposer de plus en plus comme une nécessité urgente et le meilleur remède, conseillé du reste

méridionales, car de bonnes lois spéciales furent promulguées, tendant à favoriser la résurrection économique et sociale des régions moins riches, comme la Basilicate, la Calabre et la Sardaigne. Mais, en pratique, il manqua toujours à ces lois la ligne d'un programme organique, étudié en vue de concilier les remèdes aux désordres physiques des montagnes, des fleuves, des torrents dévastateurs, des plaines marécageuses, avec les nécessités démographiques de ces régions et avec le problème de la production terrienne.

Mais, on peut dire que, dans son ensemble, l'action de l'Etat fut faible, désordonnée, sans coordination, car elle subissait les effets, non seulement de l'absence d'un plan régulateur général, mais aussi de l'insuffisance des disponibilités budgétaires, de la rotation continuelle des fonctionnaires, et des menées électorales.

En définitive, donc, si l'Etat dépensait des millions, il les dépensait mal, car l'exécution fragmentaire des travaux publics se traduisait en réalité par des gâchis inutiles, et, les ouvrages commencés n'étant pas achevés, la population locale n'apportait aucune aide, et tout retombait dans le chaos initial. En somme, le régime de l'irresponsabilité perpétuait un état de pauvreté dans le Midi de la péninsule, qui représente à lui seul presque un tiers de la surface de l'Italie, soit 127.000 kilomètres carrés.

Depuis quatre ans M.-Mussolini a confié la direction des travaux publics à une des personnalités les plus marquantes de l'Italie nouvelle, M. Giurati, qui a entrepris la mise en valeur de l'Italie méridionale.

Voici d'ailleurs quelques chiffres éloquents :

A l'heure actuelle, de vastes travaux publics sont en cours d'exécution, dont une bonne moitié dans le Midi,

par la récente Conférence des banquiers, pour réparer au plus tôt et dans la mesure du possible les conséquences de la guerre mondiale et le malaise général que nous subissons, si l'Italie peut et doit espérer réaliser une collaboration

---

pour une somme totale approximative de 8 milliards et demi de lires.

On construit 890 kilomètres de nouveaux chemins de fer ; on achève 5.500 kilomètres de routes nouvelles, dont 4.200 dans le Midi. La force hydraulique, — la houille blanche — si abondante dans le Nord, va apporter aussi la prospérité dans le Sud ; quarante nouvelles dérivations d'eau sont en cours de construction, qui permettront de disposer, d'ici un peu plus d'un an, de 4 milliards de kilowatts-heure. Aux 919.000 hectares de terrains déjà assainis vont bientôt s'ajouter environ 800.000 nouveaux hectares. Presque un milliard de lires est affecté à l'agrandissement des ports.

Il serait, certes, risqué de dire que, d'ici quelques années, l'Italie n'aura plus besoin de recourir à l'émigration pour occuper l'excédent de sa main-d'œuvre, et ceci parce que la colonisation du Midi sera malgré tout lente, et parce que la population italienne augmente de 400.000 âmes par an. Même si l'assainissement du Midi devait absorber une partie du surplus des naissances, le problème de l'expansion italienne ne serait résolu que partiellement.

Mais, on le voit, l'œuvre accomplie actuellement par M. Giurati est considérable. En améliorant et en corrigeant les conditions physiques du sol et en préparant les éléments nécessaires à la valorisation économique du Midi, il donne aux populations de ces terres les moyens de rendre cette partie de l'Italie aussi riche et aussi prospère que l'autre.

(Communiqué le 26 octobre 1926 par l'Agence d'informations « La Transalpine ».)

exclure aucune de ces solutions, et répondant
au vœu que nous avons entendu formuler si souvent au cours de notre enquête dans les milieux
les plus divers, en a adopté deux, qui nous intéressent spécialement, l'une immédiate, la colonisation effective des possessions d'outre-mer,
l'autre à échéance moins rapprochée, mais qu'il
espère réaliser aussi rapidement que les événements le lui permettront, l'obtention de territoires sous mandat ou de colonies nouvelles.

Sans nier en effet l'importance pour son rayon-
nement dans le monde et son influence civilisatrice et économique d'une émigration qui a
notamment contribué plus qu'aucune autre à
l'essor des jeunes nations d'Amérique, l'Italie
déplore avec quelque raison la perte presque
toujours définitive de tant des siens et s'est
préoccupée depuis la fin du siècle dernier d'acquérir des territoires coloniaux, susceptibles
d'absorber une partie au moins de ses émigrants, sans leur faire perdre leur nationalité.

Mais, arrivée la dernière au partage, à l'époque où les compétitions coloniales atteignaient
leur maximum d'intensité et alors que les autres

---

reste, a ajouté M. Mussolini, je dois faire observer que
l'ensemble de ces points forme un programme à longue
échéance, dont la réalisation exigera fatalement un
certain nombre d'années. »

Puissances concentraient tous leurs efforts sur la consolidation de leurs possessions acquises ou l'obtention des rares et dernières colonies disponibles, les espérances de l'Italie devaient aboutir à de sérieuses désillusions. La déception fut surtout cruelle pour la masse du peuple, induite en erreur sur la valeur et l'avenir réels du jeune empire colonial italien par l'optimisme ignorant et les exagérations faciles d'une certaine presse (1).

Néanmoins, l'Italie ne peut raisonnablement oublier les risques encourus par les Puissances coloniales de la première heure, les immenses capitaux et sacrifices en hommes qu'elles ont consacrés à l'œuvre de colonisation, au moment où cette œuvre était encore bien aléatoire. N'est-il pas légitime que celles d'entre elles qui, seules, ont osé encourir ces risques en recueillent aujourd'hui les fruits ?

Sans doute, à notre avis, une solidarité européenne bien comprise exige-t-elle que ces Puissances facilitent à l'Italie la solution du problème démographique si pressant qui se pose devant elle, mais sous la condition expresse du

-----

(1) Nous faisons naturellement abstraction des grands quotidiens et des organes spécialisés en matière coloniale, revues techniques, etc..., si nombreux en Italie.

respect des droits acquis et, qu'en tous cas, de justes compensations interviennent d'accord. Il peut parfois paraître surprenant à un Français au courant de l'opinion italienne, qu'elle vise constamment et presque exclusivement la France dans cet ordre d'idées, alors que certaines nations, petites, mais grandes Puissances coloniales, la Hollande et le Portugal entre autres, pourraient l'être avec plus de raison. Pour ne parler que de Sumatra, que nous connaissons particulièrement, cette île plus vaste que la France, riche et fertile, n'est exploitée que sur une superficie relativement infime, les Hollandais, d'ailleurs peu nombreux et ayant surtout concentré leur effort sur Java, ne disposant pas, malgré leur richesse, de capitaux suffisants pour la mise en valeur complète de cette magnifique possession, dont ils écartent jalousement les entreprises étrangères, en dépit de certaines apparences.

La France, nation civilisatrice par excellence, marche à la tête du mouvement colonial, dans un esprit certes moins mercantile que l'Angleterre et la Hollande ; elle a fait largement ses preuves et sait plus qu'aucune autre s'élever au-dessus des intérêts matériels, quand l'évolution des races qu'elle domine ou protège est en jeu. Son empire colonial, compte tenu de ces éléments, n'est fructifiable que pour partie et sa tâche plus désintéressée et plus ingrate que celle de l'Angleterre, infiniment mieux partagée, même dans les parties du monde où la France l'avait devancée ou s'était assurée antérieurement une situation prépondérante, par exemple, au Canada, dans l'Inde et en Égypte, dont elle fut évincée à la faveur d'une politique néfaste.

L'Italie, qui n'a peut-être pas été à même d'estimer à sa valeur le problème colonial au moment opportun, et qui a tout à apprendre en cette matière, comme le reconnaissent nos amis transalpins eux-mêmes, ne peut, par une politique indigne de son passé et d'ailleurs vouée à l'insuccès, suivre les traces de l'Allemagne impériale, qui, sous prétexte de réaliser « sa place au soleil », dont elle entendait d'ailleurs fixer seule les limites, fit bon marché des engagements les plus sacrés et détermina un recul de la civilisation sans égal dans l'histoire.

Dans l'ordre politique international, comme dans le domaine privé, cette théorie aboutit à la négation du droit.

La France, gardienne du droit, ne peut envisager l'expansion brutale d'aucun peuple aux dépens d'un autre, ni une renonciation quel-

conque à sa souveraineté, et se doit de poursuivre jusqu'à exécution complète sa mission sécu-
laire de civilisation partout où elle l'a entreprise,
sous peine de déchoir.

Cette parenthèse était nécessaire, car les si-
tuations nettes ne laissent place à aucune équi-
voque. Nous savons que tous les Italiens sensés,
et c'est l'immense majorité, nous comprennent,
car ils ne raisonneraient pas différemment à
notre place.

Heureusement d'autres voies restent ouvertes
et une collaboration amicale entre les deux nations latines représente à nos yeux le facteur le
plus efficace en vue d'assurer le développement
harmonieux de l'Italie nouvelle.

Les avertissements répétés d'experts compétents, le soin qu'ils apportèrent constamment à
mettre en garde un public particulièrement im-
pressionnable contre les errements que nous
avons signalés et leurs conséquences, ne man-
quèrent pourtant pas. Citons parmi ces experts
le Professeur Mazzochi Alemanni, de l'Institut
colonial agricole italien, qui n'hésita pas à décla-
rer très nettement il y a quelques années, en
traitant des rapports de l'émigration métropolitaine avec la colonisation agricole dans les
nouvelles possessions, que les conditions locales,
aux triples points de vue physique, économique

et démographique, excluent la possibilité d'une colonisation agricole en masse (1).

De même le Docteur Guido Mangano, de l'Office technique agricole colonial, étudiant le problème de la main-d'œuvre dans ses rapports avec la mise en valeur agricole et industrielle de la Somalie, n'est pas moins affirmatif, et va jusqu'à constater, nous le verrons d'ailleurs, que l'immigration indienne s'impose dès à présent comme une nécessité pour l'exploitation de la Somalie et s'imposera toujours davantage, pour suppléer à l'insuffisante déjà sensible de la main-d'œuvre locale.

Effectivement les diverses raisons qui font obstacle à une immigration italienne suffisante dans les colonies, ne sont pas niables. Nous avons dit que les émigrants de profession agricole formaient la majorité, suivis par les manœuvres, puis par les ouvriers industriels. Or, la question de l'immigration en masse d'une main-d'œuvre industrielle italienne dans les possessions italiennes ne se pose pas, du moins pour le moment ; quelques milliers d'ouvriers spécialisés suffisent aux besoins actuels des quatre colonies et les manœuvres n'y font pas

____

(1) MAZZOCHI ALBMANNI, *Della nostra emigrazione in rapporto alla valorizzazione agraria delle colonie di diretto dominio*, Florence, 1921.

non plus défaut, malgré le peu d'importance de la population autochtone. Elles auraient plutôt besoin d'agriculteurs...

Malheureusement, le climat de l'Érythrée et de la Somalie est absolument défavorable à une large immigration agricole italienne. Le blanc n'y peut guère en effet résister longtemps à un effort physique pénible et doit se limiter à des travaux moins épuisants que ceux des champs, ceux de direction, de surveillance ou de comptabilité par exemple. Seul, nous l'avons vu, le haut plateau érythréen fait exception à cette règle, grâce à son climat tempéré ; mais les terres y sont aux mains des indigènes et il n'est guère possible de parler de main-d'œuvre blanche sur le plateau. On y trouve cependant environ 2.000 ouvriers blancs, la plupart italiens, employés aux travaux et métiers les plus divers.

Dans les possessions de l'Afrique du Nord, au contraire, les conditions climatologiques sont, au moins dans certaines régions, très propices, mais la solution du problème qui nous occupe se heurte à d'autres obstacles. S'il est vrai qu'en Libye la main-d'œuvre, suivant d'Agostino Orsini di Camerota (1), pourrait être presque exclu-

---

(1) P. D'AGOSTINO ORSINI DI CAMEROTA, *La nostra economia coloniale*, Salerno, 1923, pp. 59-60.

sivement fournie par des Italiens, la main-d'œuvre locale, déjà insuffisante actuellement et probablement insignifiante par rapport aux besoins d'une exploitation rationnelle future, n'intervenant que comme appoint, il n'en est pas moins permis d'estimer avec Mazzochi Alemanni que, dans l'hypothèse la plus favorable, Tripolitaine et Cyrénaïque réunies ne seront susceptibles de recevoir que quelques milliers d'agriculteurs et ouvriers agricoles italiens, soit un pourcentage bien négligeable du contingent annuel d'émigrants. D'ailleurs, le nombre des ouvriers italiens de professions diverses établis en Libye en 1925, ne dépassait pas 4.000.

Peut-être taxera-t-on cette opinion de pessimisme exagéré ; quoi qu'il en soit, à la question souvent posée : « Pourquoi l'Italie ne chercherait-elle pas un débouché plus vaste à sa main-d'œuvre débordante dans son domaine colonial ? » nous répondrons que l'importance relative et les conditions présentes de ce domaine colonial autorisent seulement des espérances limitées dans cet ordre d'idées, mais qu'estimer cet élément du problème au-dessous de sa valeur et ne pas le faire intervenir comme facteur des plus intéressants pour sa solution, serait faire preuve d'une singulière incompréhension, surtout pour l'avenir. Le chapitre que nous avons consacré à l'étude des colonies actuelles de l'Italie le démontre péremptoirement.

Pour conclure, et si nous remontons à la cause première du malaise évident et de l'inquiétude croissante engendrés en Italie par le problème de l'émigration, nous faut-il dire avec M. Henri Béraud que « certains peuples se livrent sans mesure ni réflexion à leur zèle reproducteur. Comme la dépopulation, la surpopulation est un fléau. Non seulement elle multiplie les besoins, non seulement elle crée des affamés, non seulement elle rend le chômage inévitable, mais elle appelle la guerre » (1) ?

A nous en tenir à l'Italie, nous estimons que cette conséquence monstrueuse, indigne d'une telle nation, peut et doit être évitée, et que seule une minorité infime et sans influence réelle peut l'envisager de sang-froid. D'autres solutions,

______

(1) Henri BÉRAUD, *L'Allemagne telle que je l'ai vue*, Editions de France, 1926.

Parlant des Allemands, M. Béraud ajoute : « Admirable insouciance de ces reproducteurs invincibles ! Allez donc parler des dangers de la pléthore à ce citoyen qui, considérant sa copieuse progéniture, retrousse des moustaches satisfaites, allez donc lui dire que surpeupler un pays de maigre agriculture, c'est multiplier l'usine ; que multiplier l'usine, c'est produire avec excès ; que produire avec excès, c'est empêcher les autres de vendre ; qu'empêcher les autres de vendre, c'est leur ôter le pain de la bouche, et que leur ôter le pain de la bouche, on n'y arrive qu'en leur faisant la guerre. »

d'autres « soupapes d'échappement », s'offriront certainement sous peu à la sagesse des diplomates et de la Société des Nations. Mais la boutade de M. Béraud renferme certainement une grande part de vérité, et, sans qu'on puisse nous accuser de malthusianisme, nous nous bornerons à constater avec lui et à regretter l'imprévoyance qui préside à cette multiplication dangereuse.

Malheureusement les pouvoirs publics ne peuvent exercer à ce point de vue leur influence modératrice qu'à longue échéance, par l'éducation des masses. L'histoire ne nous enseigne-t-elle pas que le meilleur frein à une procréation inconsidérée résulte naturellement, dans les classes sociales supérieures d'abord, dans les couches populaires ensuite, d'une civilisation toujours plus intense, qui s'accompagne de besoins nouveaux et du souci progressif de l'avenir.

La France a franchi les deux étapes ; elle trouvera dans ses énergies latentes et dans ses immenses ressources une solution satisfaisante à son propre problème démographique. Si la richesse de son territoire continental et de son empire d'outre-mer lui font avec raison souhaiter une population supérieure, encore convient-il de ne rien exagérer. A partir d'une certaine limite, la force d'une nation ne réside pas en

effet dans une population surabondante, qui
pourrait au contraire être une grave cause de
faiblesse, mais dans l'harmonie existant entre le
nombre de ses habitants et l'importance actuelle
et éventuelle de ses ressources, envisagées à
un point de vue « exclusivement pacifique ».

Que dire de l'avenir démographique de l'Italie ? Là comme ailleurs, nous constatons depuis
quelques décades une diminution notable du
nombre des naissances dans les classes supérieures et même moyennes ; au contraire, les
masses prolétaires et paysannes continuent, suivant l'expression imagée de M. Béraud, à « se
livrer sans mesure ni réflexion à leur zèle reproducteur ». Laissons le temps faire son œuvre ;
la diffusion de l'instruction et du mieux-être,
apporteront, pensons-nous, ici comme en France,
avec le développement de l'instinct de prévoyance, le remède désiré.

Si nous nous en rapportions au passé et dans
cette même Italie, nous pourrions, par analogie,
tracer par anticipation la courbe descendante
éventuelle de la population de la péninsule, au
point d'en appréhender l'excès futur. Il suffirait de rappeler l'intensité du phénomène de
la dépopulation dans la Rome impériale (1),

---

(1) Cfr. sous Auguste, la loi Julia de fundo dotali,
la loi Julia de adulteriis, etc...

phénomène qui s'accentua toujours sous la décadence, mais il serait inexact d'établir un rapprochement ethnique aussi étroit entre les Italiens modernes et les habitants de l'Italie ancienne et d'en tirer une conclusion aussi absolue (1). On peut néanmoins soutenir qu'une partie des facteurs susceptibles d'influencer la natalité, sol, climat, ambiance, ne se sont guère modifiés et conservent actuellement toute leur valeur.

---

(1) Le mélange des races était déjà frappant dans l'Italie ancienne, abstraction faite de l'afflux des aubains et des esclaves étrangers, d'origine surtout orientale et africaine : au nord, les Celtes, les Ligures et les Vénètes ; au centre, les Etrusques ; au sud, les Grecs. Les traces laissées par les invasions sont également nombreuses, qu'il s'agisse des Hérules, des Ostrogoths, des Lombards, des Arabes, des Normands, des Allemands, des Français.

Aujourd'hui, et sans parler des Dalmates et des individus de langues française et allemande des régions frontières, vaudois et habitants de la vallée d'Aoste, du Tyrol et du Trentin par exemple, on chercherait vainement en Italie la pureté des types primitifs, sauf dans le centre, où on peut encore retrouver sans trop de peine le vieux type romain.

CHAPITRE II

Des différentes industries dans leurs rapports avec le recrutement de la main-d'œuvre européenne et indigène dans les colonies italiennes.

Après ces considérations générales, abordons l'étude du recrutement de la main-d'œuvre européenne et indigène dans les colonies italiennes pour chacune des principales industries en particulier.

SECTION I

INDUSTRIE ZOOTECHNIQUE

§ 1. — *Somalie.*

Le patrimoine zootechnique de la Somalie est appréciable. Le recensement publié le 1er février 1920 accuse les chiffres suivants : chameaux 2.101.000 ; bêtes à cornes, 1.446.000 ; moutons, 1.660.000.

Malgré l'éloquence de ces chiffres, qui, semble-t-il, auraient pu tenter l'industrie agricole italienne, l'élevage est encore à l'état rudimentaire et entièrement aux mains des Somalis. Le Docteur G. Provenzale (1) est bien d'avis de les amener par persuasion à renoncer progressivement à la vie nomade et à la transhumance, pour adopter la vie sédentaire, mais cette éventualité, en admettant qu'elle soit réalisable, est à échéance lointaine.

L'industrie des conserves de viande est également délaissée jusqu'à présent par les Européens, et toute la petite industrie locale, d'ailleurs très réduite, est exercée par les Kabyles, dont l'élevage constitue la principale, sinon l'unique source de richesses.

Dans ces conditions, le problème de la main-d'œuvre ne se pose pas actuellement en Somalie.

§ 2. — *Érythrée.*

Bien qu'inférieur à celui de la Somalie, le patrimoine zootechnique de l'Érythrée a donné naissance à une industrie florissante, celle de la viande en boîtes, au point qu'elle a pu fournir à l'armée italienne plus de 6 millions de boîtes de 1914 à 1918.

---

(1) Dott. G. PROVENZALE, *L'allevamento del bestiame in Somalia*, Roma, Ministero delle Colonie, 1914.

Comme en Somalie, l'élevage est ici aux mains des indigènes qui confient la garde des troupeaux aux bergers musulmans ; il constitue leur principal revenu et leur seule industrie ; mais, transhumant dans la plaine, il est sédentaire sur le haut plateau.

Le problème de la main-d'œuvre est donc subordonné en Érythrée aux mêmes considérations qu'en Somalie et, s'il devait se poser un jour, il est évident qu'il resterait presque exclusivement limité à la main-d'œuvre indigène, car il ne peut être question d'envisager la création de centres européens d'élevage sur le haut plateau, où les indigènes, propriétaires de toutes les terres disponibles, se refuseraient certainement à les céder, même en partie. Dans la plaine, où l'introduction de méthodes modernes d'élevage est au contraire possible, les rigueurs du climat font obstacle, nous l'avons vu, à l'emploi d'ouvriers agricoles européens et obligeraient les entrepreneurs à n'utiliser également que la main-d'œuvre indigène.

Cependant la main-d'œuvre blanche, spécialisée, naturellement, pourra fort bien trouver un débouché appréciable dans les industries connexes de l'élevage, celle de la viande en boîtes par exemple. La maison Torrigiani, qui s'est précisément livrée pendant la guerre à cette industrie avec le succès que l'on sait, envisageait favorablement cette solution, sous certaines conditions, il est vrai. C'est ainsi que la suspension de la fabrication durant une partie de l'année, suspension imposée, paraît-il, par la difficulté d'écouler une production excessive (la production prévue devait atteindre, même dans ces conditions, un million de boîtes par an), aurait permis de renvoyer le personnel blanc en Italie pendant plusieurs mois, à titre de mesure sanitaire.

Si donc les espérances qu'on est en droit de fonder sur l'essor de l'industrie des conserves de viande en Érythrée devaient se confirmer, il n'y a pas de doute que le problème de la main-d'œuvre s'y poserait aussitôt ; mais nous pensons que la solution à intervenir ne saurait atteindre alors à d'heureuses conséquences pratiques, étant donné l'insalubrité du climat, sans un triage sévère de l'immigration, facilité d'ailleurs par le vaste réservoir dont l'Italie dispose.

§ 3. — *Tripolitaine et Cyrénaïque.*

L'élevage, comme les industries locales de la laine et du tannage des peaux, sont uniquement indigènes en Tripolitaine et Cyrénaïque.

L'élevage nomade est en effet jusqu'à présent

la seule source de leur grande richesse en gros et petit bétail, et si cette richesse devait un jour entraîner l'introduction d'industries modernes connexes, analogues à celles dont nous avons constaté l'existence en Afrique orientale, il y aurait lieu d'y envisager une organisation appropriée de la main-d'œuvre européenne spécialisée, avec cette différence que les plateaux de l'Afrique méditerranéenne jouissent d'un climat beaucoup plus propice.

SECTION II

INDUSTRIE DE LA PÊCHE

§ 1. — *Somalie.*

Actuellement les pêcheurs indigènes de la Côte des Somalis s'adonnent seuls à la pêche du hareng, du thon, de la sardine et du requin, mais il est question d'y moderniser cette industrie et de la doter d'engins mécaniques. La préparation du poisson à l'usine serait confiée à des ouvriers italiens spécialisés, la pêche proprement dite continuant à être réservée aux pêcheurs locaux, qui s'y montrent d'ailleurs très habiles.

§ 2. — *Érythrée.*

L'industrie de la pêche dans les eaux territoriales de l'Érythrée est presque exclusivement exercée par les populations danakils et somalis de la côte africaine et par les pêcheurs yéménites de la côte arabe (1). L'abolition de l'esclavage proclamée par les Puissances et la police sévère de la mer Rouge, assurée par les stationnaires italiens et européens, ont fait progressivement disparaître les équipages d'esclaves, mais les indigènes sont restés fidèles à leurs procédés de pêche archaïques, malgré tous les efforts faits pour les amener à une plus juste compréhension de leurs intérêts.

Pourtant la mer Rouge est d'une richesse incroyable, sur laquelle nous avons déjà eu l'occasion d'insister, en huîtres perlières, en troques, en éponges et en poissons. Nous avons dit l'intérêt croissant de l'exportation du troque pour l'alimentation de l'industrie française des boutons (2), mais il suffit de relever les chiffres des importations en Italie de poisson frais, fumé, sec

---

(1) V. Zucco, *op. cit.*

(2) V. *supra*, pp. 72 et suiv. et Zucco, *op. cit.*, pp. 81 et suiv.

ou salé, et conservé dans l'huile (1), pour se rendre compte de l'importante contribution à l'alimentation de la métropole qu'on pourrait attendre d'une exploitation rationnelle des pêcheries de l'Érythrée.

Quoi qu'il en soit, la pêche du corail, du poisson et des éponges, est dès à présent une des sources essentielles de la richesse de la plus ancienne des colonies italiennes, mais son développement industriel nécessitera, sous peine d'échec certain, une éducation *ad hoc* de la main-d'œuvre indigène, indispensable au point de vue économique et seule capable de résister longtemps au climat torride de la côte. Les Danakils ne s'y adonnent d'ailleurs guère et préfèrent celle des méléagrines (1) et du troque, ou encore s'engagent comme matelots caboteurs, mais les Yéménites, très disciplinés, constituent un excellent recrutement des équipages de pêche.

Les naturels de l'archipel des Dahlach, et à un degré moindre, les pêcheurs de la côte arabe, sont plutôt spécialisés dans la pêche des huîtres perlières ; celle des éponges, qui n'a qu'une im-

____

(1) Pendant la période 1918-1921 l'Italie a importé en moyenne 650.000 quintaux de poisson par an, pour une valeur de 300 millions de lires.

(2) La méléagrine ou huître perlière, répandue dans la mer Rouge, est surtout des espèces « margaritifera », « radiata » et « muricata ».

portance relative, en raison de la qualité médiocre des éponges de la mer Rouge, est faite par des bateaux arabes sous pavillon yéménite.

Les Érythréens, au contraire, se livrent couramment à la pêche très productive du poisson à destination alimentaire, pêche qui pourrait permettre la création d'une industrie d'exportation florissante, si le recrutement d'une main-d'œuvre spécialisée suffisante était assuré.

Le Commandant Carniglia, au retour d'une croisière d'étude dans la mer Rouge, fait observer que les équipages indigènes sont composés des habitants de la côte dankali et des Dahlac, auxquels on peut ajouter ceux de la côte de Massaouah, mais jamais d'Érythréens proprement dits ; il attribue cette abstention moins à leur défaut d'aptitudes qu'à la différence de religions et de coutumes qui rend pour le moins extrêmement délicat leur travail en commun avec les premiers.

L'industrialisation éventuelle de la pêche ne pourrait donc s'appuyer que sur l'élément indigène de la côte, qui, nous l'avons dit, a limité jusqu'à présent son effort à la pêche des méléagrines et du troque ; il n'y a pas en effet à espérer étendre ce recrutement, même par l'appât de salaires rémunérateurs, sans risquer de jeter la perturbation dans l'économie de toute la pêche indigène dans la mer Rouge et de susciter peut-être des troubles graves.

Quant aux équipages des bateaux arabes, il semble bien difficile de les affranchir de leurs armateurs, étant donnée la confusion des questions qui les lient, salaires en retard, avances reçues, secours familiaux, etc..., sans aboutir à des contestations multiples, sinon à l'impossibilité de liquider pratiquement leur situation individuelle.

Force sera donc de s'en tenir aux éléments arabes, migiurtins et somalis, d'un recrutement facile et dont l'emploi reste malgré tout plus à conseiller que celui de la main-d'œuvre blanche sur une grande échelle. Le blanc peut et doit même être utilisé pendant la période de début comme instructeur et organisateur, mais l'entreprise, quelle qu'elle soit, doit pouvoir s'en passer le plus tôt possible. C'est là, dit Carniglia, une condition *sine qua non* (1).

Pour terminer, signalons l'activité en Éry-

____

(1) G. B. CARNIGLIA, *Campagna esplorativa di pesca nel Mar Rosso*, *Bollettino d'informazioni*, Ministero delle Colonie, Rome, 1923.

Carniglia donne l'exemple suivant : un armement blanc, avec un équipage de sept hommes, coûterait, salaires, assurances, vivres, etc... compris, environ 230 lires par jour. Un armement indigène, avec un équipage de sept indigènes choisis, coûte 60 lires au maximum.

thrée, des industries dérivées de la pêche, celles des conserves de poisson en boîtes, du poisson salé et de l'utilisation des requins et des chiens de mer de la mer Rouge ; cette dernière a été entreprise avec succès dans le port français voisin de Djibouti. Généralement la main-d'œuvre locale est suffisante pour cette industrie, à la condition d'être encadrée d'éléments européens, la métropole possédant à ce point de vue toutes les ressources nécessaires. La Société des Pêcheries italiennes de l'Afrique orientale a appliqué cette méthode et est en pleine prospérité.

§ 3. — *Tripolitaine et Cyrénaïque.*

La pêche qui s'exerce en Cyrénaïque est presque exclusivement celle du thon et des éponges. Celle des autres poissons de la Méditerranée pourrait également y être entreprise en grand, tant pour apporter un précieux appoint à l'alimentation locale que pour l'exportation du poisson sec ou salé, mais il n'en est pas question jusqu'à présent, malgré les études préparatoires poursuivies depuis 1912 par le Comité Royal thalasso-graphique dans les eaux territoriales de la Tripolitaine.

En pratique, en effet, les Libyens ne se sont

jamais adonnés à cette pêche et manifestent une répugnance traditionnelle pour ce genre de travail, répugnance que l'on pourrait peut-être vaincre à la longue ; quant aux pêcheurs italiens, leur champ d'action était limité, avant la conquête, aux mers du Levant et aux côtes de Tunisie et d'Espagne, car les autorités turques les tenaient à l'écart de la zone qui nous intéresse, en leur suscitant des difficultés perpétuelles, et il est difficile de modifier leurs habitudes.

Nous avons insisté précédemment sur l'abondance du thon sur la côte tripolitaine, poisson éminemment nutritif et d'espèce analogue à celui de Sicile et de Tunisie. La pêche du thon est d'ailleurs facile, mais n'avait jamais été tentée par les Turcs et ne remonte guère qu'à une dizaine d'années.

Les premiers essais datent de 1915 et furent si concluants (1) que, malgré l'interruption inévitable de la guerre, ils furent poursuivis en grand dès 1919 et on captura cette même année dans une seule madrague environ 341.500 kgs.

De 1919 à la fin de 1924 le nombre des concessions accordées fut en progression constante et

____

(1) Ces essais eurent lieu à Marsa Sabratha. On y captura 1.160 thons, d'un poids net de 65.000 kilogrammes.

le produit total de la pêche s'éleva à 76.000 thons, d'un produit net de 4.556.000 kgs. Cet exemple encourageant a depuis été suivi en Cyrénaïque, où la première madrague installée en 1924 a permis d'enregistrer des chiffres aussi satisfaisants.

Le personnel des pêcheries est recruté en Sicile, pépinière des pêcheurs de thon de la Méditerranée, mais, pour les travaux fatigants, l'emploi de la main-d'œuvre indigène a déjà donné de bons résultats et va en s'accentuant (1)

La pêche des éponges n'est, nous l'avons dit, pas moins importante ; elle alimente presque toute l'industrie métropolitaine et une grande partie de l'industrie étrangère. Les éponges de Libye sont, on le sait, extrêmement prisées. La variété la plus commune des espèces libyennes est l'éponge à cheval, dont certains individus atteignent fréquemment un diamètre de 60, 70 et même 80 centimètres (2). L'éponge à cheval, « euspongia equina », appartient au genre euspongie, comme presque toutes les véritables éponges et l'on s'en est servi dès la plus haute

____

(1) *Bollettino informazioni economiche* 1924, pp. 889-890.

(2) Celle que l'on a pu admirer à la Foire d'échantillons de Naples en 1923, atteignait même 90 centimètres.

antiquité ; elle possède de grandes cavités, des fibrilles molles, une substance peu fine, comme « l'euspongia officinalis », de qualité déjà plus fine, et également répandue dans ces parages. La grosse éponge de Zerby, qu'on y trouve aussi en abondance, est grossière, mais bon marché.

La récolte n'était faite autrefois en Tripolitaine et en Cyrénaïque que par des Grecs et des pêcheurs du Dodécanèse, mais elle est également assurée depuis quelques années par des équipages italiens ou arabes de la colonie dépendant de patrons italiens. Le produit s'est élevé à 94.500 kgs en 1919, à 146.000 en 1920, à 159.000 en 1921 et à 80.600 en 1922.

Cette pêche, assez dangereuse, est faite surtout par des plongeurs qui, attachés à une corde munie d'une pierre, descendent sur les fonds de 10 à 15 mètres, arrachent les éponges des rochers auxquels elles sont fixées, puis tirent sur la corde pour être hissés à la surface avec leur chargement. On utilise aussi la cloche à plongeurs et les scaphandriers. Le trident dont se servent les Grecs de la Morée n'est pas en usage en Tripolitaine, car il a l'inconvénient de détériorer les éponges.

On conçoit que les plongées répétées, avec ou sans scaphandrier, exigent l'emploi d'hommes robustes, et que, malgré la sélection opérée, un plongeur s'épuise à la longue. Récemment encore, les équipages grecs utilisaient des scaphandres assez primitifs et les accidents mortels n'étaient pas rares ; de nouvelles dispositions législatives imposent désormais les précautions indispensables à prendre, fixent les indemnités à verser éventuellement aux familles et règlementent la pêche en général, pour éviter la destruction inutile des éponges, qui entraînerait leur raréfaction rapide, et les autorités maritimes et sanitaires des deux colonies veillent très sévèrement à l'application de ces dispositions.

La proportion d'Italiens, aidés d'équipages locaux, qui s'adonnent à cette pêche, est déjà relativement forte, mais elle le serait d'avantage, au grand bénéfice de cette industrie, si certaines suggestions autorisées étaient écoutées (1). Il y aurait lieu, avant d'intensifier le recrutement de la main-d'œuvre indigène, de la préparer à ce travail spécial ; on propose à cet effet la création d'écoles de scaphandriers et, en attendant, de faire appel aux scaphandriers d'Italie, qui sont habitués à descendre sur de plus grands

______

(1) Pio barone SCERNI, La pesca delle spugne in Libia, *Rivista d'Oriente e colonie*, Bologne, 1924, nº 5.

fonds qu'il n'est nécessaire pour la pêche des éponges dans la Méditerranée (1).

Section III

Industrie agricole

§ 1. — *Somalie.*

Le Docteur Guido Mangano, particulièrement compétent en la matière, pour avoir exécuté plusieurs missions techniques agricoles dans toute la région du Juba et en Somalie, affirmait en 1924 dans l'*Idea coloniale*, en examinant les ressources agricoles du Transjuba, que l'un des premiers devoirs du Gouvernement italien, après la prise de possession, sera d'y attirer la main-d'œuvre qui y fait aujourd'hui presque totalement défaut (2).

Depuis, le grand quotidien romain a insisté à plusieurs reprises sur la nécessité de faire

---

(1) L'accord commercial italo-grec, qui vient d'être signé en novembre dernier, est complété par une convention spéciale pour l'exercice de la pêche en mer. Les pêcheurs italiens continueront la pêche dans les eaux territoriales de Grèce, et les pêcheurs grecs pourront l'exercer librement dans les eaux territoriales de Libye, avec des facilités spéciales pour la pêche des éponges.

(2) V. *L'Idea coloniale* du 2 août 1924.

appel, d'abord aux travailleurs des régions voisines, puis, au fur et à mesure de l'extension de la superficie cultivée et de l'épuisement de ce premier réservoir, à ceux de pays plus lointains (1).

Pour apprécier cette opinion à sa valeur, rappelons que, si la Somalie comprend les vastes territoires du Juba, de l'Uebi-Scebeli et des protectorats de l'Océan Indien, sa population est maigre et disséminée, bien qu'il soit impossible d'en évaluer le chiffre exact, et qu'elle se compose de nomades, excepté en bordure des côtes et des fleuves.

Il ne faudrait pourtant pas en conclure qu'elle est particulièrement dense et nombreuse le long des rivières. « Qui parcourt le bassin inférieur du Juba et la zone alluvionnaire qui s'étend à perte de vue jusqu'aux dunes côtières, reste frappé d'étonnement, écrit Colucci, du nombre infime d'êtres humains qu'il rencontre (2) ; quelques villages de Sawahils et d'affranchis sur les rives et, à mesure que l'on s'en éloigne, des agglomérations de plus en plus rares de huttes, abritant des familles somalis. Il n'est pas douteux que ces familles ne pourront jamais ap-

____

(1) V. notamment *L'Idea coloniale* nº 4.
(2) V. *L'Idea coloniale* nº 4, octobre 1924.

porter par elles seules une contribution suffisante aux travaux projetés. »

On connaît les projets mentionnés par Colucci ;
il s'agit du futur et imposant barrage du Juba à
la vallée de Leghele, dont la construction aurait
pour conséquence la mise en culture et la plantation du coton dans tout le territoire du bas-
Juba, grâce à l'irrigation d'une vaste surface
variant entre 200.000 et 500.000 hectares. La
production annuelle du coton pourrait y atteindre plusieurs centaines de milliers de quintaux
et permettrait de diminuer d'autant le lourd tribut payé par l'Italie à l'Étranger et en premier
lieu à l'Égypte (1).

Ce plan magistral est l'œuvre de Mazzochi
Alemanni, qui travaille opiniâtrement depuis
1919 à gagner à ses idées l'opinion publique
italienne en les exposant à ses lecteurs de l'*Agriculture coloniale* ; l'attribution des deux rives
du fleuve à l'Italie et la renaissance actuelle du
mouvement colonial apportent d'ailleurs à sa
propagande un terrain tout préparé. La réalisation du projet en question exigerait un capital
certainement supérieur à un demi-milliard de
lires, mais il est malheureusement évident que

---

(1) L'Italie importe annuellement environ 2 millions
de quintaux de coton.

la main-d'œuvre indigène, déjà suffisante aux stricts besoins de l'agriculture locale, ne peut y satisfaire.

Ce problème, malgré les discussions techniques qu'il suscite aujourd'hui, n'est pourtant pas nouveau et s'est déjà posé dans des conditions analogues dans une autre partie de la Somalie, sur les rives de l'Uebi-Scebeli, où le Duc des Abruzzes a créé, nous l'avons vu, d'importantes entreprises agricoles qu'il dirige personnellement. Le Prince de Savoie a cherché la meilleure solution possible et a réussi à faire accepter aux chefs de la région un double contrat, l'un de location en participation pour la

------

(1) La Société agricole « Italo-Somala » exerce son activité dans la région de Scidle sur le moyen Uebi-Scebeli. La surface irrigable et cultivable du Scidle est estimée à 100.000 hectares sur les deux rives et atteint une longueur approximative de 5 à 8 kilomètres sur une largeur de 70 kilomètres. Le plan de la Société, déjà réalisé en partie, comprend la création de quatre grands centres, deux réservés à l'agriculture proprement dite et deux à l'élevage, et, de part et d'autre du fleuve, celle de deux grandes fermes, l'une agricole et l'autre d'élevage, d'une superficie respective de 6 à 8.000 hectares environ.

L'exécution de ces travaux, comme l'endiguement de l'Uebi-Scebeli, ont nécessité une nombreuse main-d'œuvre.

En 1924, le domaine irrigué atteignait près de 1.600 hectares, dont 1.000 plantés en coton, 140 en ricin, 265 en céréales réservées aux indigènes, le reste en cultures diverses.

mise en valeur des terres, l'autre de prestation de travail à exécuter par les Kabyles dépendant de ces chefs.

Ce système a donné d'excellents résultats et a permis non seulement de résoudre en partie le problème de la main-d'œuvre indispensable à ces entreprises, mais d'amener de nombreux indigènes à s'établir à demeure sur les terres qu'ils cultivent.

La Société a également introduit au début de 1924 une méthode différente sur une partie de ses concessions, sorte de colonat partiaire ou métayage, en y affectant 500 hectares et en transférant 430 familles scidles de leurs villages dans ceux qu'elle a fait édifier pour elles. Dès 1924 les indigènes y ont planté 270 hectares en coton pour le compte de la « Société des Métayages » et une surface égale a été mise à leur disposition pour y cultiver des céréales pour leur propre compte.

« Si les résultats de ce mode de louage et d'association, lisons-nous dans le rapport du Conseil d'Administration, continuent à être aussi favorables, la question de la main-d'œuvre agricole nous donnera moins d'inquiétude, sous réserve de celle qui sera exceptionnellement nécessaire pour la plantation et la préparation de nouveaux centres et pour le recrutement de laquelle on devra faire appel en grande partie à des volontaires étrangers à la région du Scidle. »

Mais l'application de ce système sur une grande échelle et l'extension progressive de la superficie cultivée aboutissent néanmoins à entretenir une crise permanente et ressuscite constamment le problème. Le Duc des Abruzzes a même dû recourir dans certains cas à la main-d'œuvre du Yemen et de l'Hadramaout. Les Italiens ne s'illusionnent pas sur l'avenir, Mazzocchi le premier, et se rendent compte que l'entreprise de travaux sur le Juba, l'extension de ceux de la Société Italo-Somala et l'intensification des cultures dans la zone de Genale, donneront au problème du recrutement de la main-d'œuvre en Somalie une acuité toujours plus grande.

L'impossibilité d'utiliser en nombre suffisant la population locale doit-elle donc faire renoncer l'Italie à l'exploitation intensive de sa belle colonie ? Il est évident que seule l'importation d'une main-d'œuvre indigène recrutée à l'étranger paraît susceptible d'apporter le remède nécessaire, mais la difficulté naît quand il s'agit de préciser les pays qui peuvent la fournir.

Mangano préconise à cet égard le recours aux Tamouls de l'Inde méridionale, en veillant soigneusement à la qualité du recrutement. Nous ignorons si cette solution est possible, ou plutôt si elle le sera encore quand les grands travaux projetés devront être mis à exécution ; nous constatons seulement que les simples manœuvres et journaliers font défaut dans l'Afrique orientale anglaise, pays pourtant mieux placé pour l'adopter.

Peut-être l'Arabie pourrait-elle également envoyer des contingents appréciables, car les Arabes de l'Hadramaout et de l'Yemen sont des travailleurs solides et résistants, mais il est douteux que cet apport, étant donné leur nombre relatif, comparé aux besoins croissants de la colonie, puisse jamais constituer autre chose qu'un appoint.

Une dernière solution, qui, sans être radicale, nous semble plus réalisable, consisterait à attirer à nouveau vers les zones agricoles bon nombre d'indigènes du territoire italien et même des pays voisins, qui les ont quittés antérieurement. Colucci signale en effet un mouvement migratoire persistant vers la région du Juba et, sans tenir compte des tribus et des familles fixées en Abyssinie, constate, même chez les Rabanwims de Somalie, d'ailleurs en constant déplacement, une tendance certaine à se diriger de l'est à l'ouest, vers le Doy. Lorsqu'ils y parviennent sans avoir été inquiétés par les tribus hostiles; la lutte s'engage pour l'occupation des rares terres de culture qu'offre cette contrée toute en forêts et en pâturages, et les groupes d'émigrants, de plus en plus réduits, poursuivent parfois leur marche au delà, en direction du fleuve.

Onor (1), à la suite de son enquête auprès du Gouvernement de la Somalie sur la question agricole, se refuse à considérer les pasteurs bédouins nomades comme s'adonnant à l'agriculture et à l'élevage véritables et nous avertit dans un ouvrage posthume qu'il ne faut pas fonder de trop grandes espérances sur leur transformation en agriculteurs proprement dits, ni l'envisager comme un facteur d'importance essentielle et d'une réalisation à échéance prochaine. La main-d'œuvre indigène actuelle suffirait, dit-il, à l'exécution des travaux publics les plus urgents et à la mise en valeur des premiers milliers d'hectares.

Néanmoins, l'action que les résidents peuvent respectivement exercer dans leur ressort, en vue d'y attirer et d'y retenir les familles nomades, aura la plus heureuse influence et sa première conséquence sera de rendre sans doute inutile l'importation d'éléments indiens ou arabes sur

____

(1) R. Onor, *La Somalia Italiana*, Turin, Bocca, 1925.

une vaste échelle. Seule cette politique est susceptible de fixer durablement à la terre un nombre suffisant d'indigènes, en améliorant leur mode d'existence et en diminuant les causes de mortalité, de manière à stimuler l'accroissement d'une population très prolifique de sa nature.

Quant à la main-d'œuvre blanche, son emploi en masse sous un climat quasi-équatorial reste, répétons-le, une utopie et ne peut être admis que pour l'encadrement de la main-d'œuvre indigène.

§ 2. — *Erythrée.*

L'agriculture, sous toutes ses formes, n'a pas suscité en Érythrée les mêmes difficultés de main-d'œuvre qu'en Somalie, bien que les travaux du chemin de fer et ceux de la plaine de Tessenei aient nécessité l'an dernier près de trois mille ouvriers. La population indigène est plus que suffisante aux besoins actuels et même prochains de la colonie.

Il y aurait lieu cependant de donner satisfaction au vœu présenté au Congrès national pour l'expansion économique et commerciale de l'Italie, réuni à Trieste en novembre 1923, en vue de résoudre le délicat problème de la fixation à la terre des populations du haut plateau, et de reconnaître qu'aucun progrès sensible ne sera possible dans cette partie de la colonie, aussi longtemps que les terres changeront d'exploitant à chaque campagne (1).

Dans la plaine, où les terres sont données en concession, pour devenir ensuite la propriété des concessionnaires, les postulants ne manquent pas, ni d'une façon générale, les bras indispensables ; aussi ce procédé de fixation de l'indigène à la terre commence-t-il à recevoir pratiquement de nombreuses applications.

Le Professeur D. Saccardo, dans une étude publiée dans l'*Idea coloniale* du 25 juillet 1925 sur les cultures industrielles en Érythrée, et plus spécialement sur celle du café, mentionne que, pour en développer la plantation et pour tenter un essai immédiat de culture indigène, le Grand Officier Gasperini, Gouverneur de l'Érythrée, a réussi à obtenir d'un certain nombre de chefs du haut plateau, dans le but de suppléer au défaut de main-d'œuvre locale, l'envoi de groupes de familles dans la région d'Eaghena, avec obligation de s'établir à demeure. Chaque famille reçoit en concession quelques hectares et doit en planter au moins un en café. Les plants

_____

(1) *Agricoltura coloniale*, janvier 1924.

sont distribués gratuitement par le Gouvernement et l'Office agricole, par les soins des chefs de culture blancs et indigènes, qui dirigent et surveillent les opérations de plantation sur plus de trente entreprises déjà en exploitation.

§ 3. — *Tripolitaine et Cyrénaïque.*

La Tripolitaine et la Cyrénaïque ne sont pas précisément des pays riches. Leur population, médiocre et presque entièrement nomade, s'adonne à l'élevage et à la culture des céréales dans des conditions ancestrales ; elle est donc en déplacement continuel, à la recherche de nouveaux pâturages et de terrains propices, surtout pendant les pluies, qui coïncident avec l'époque de l'ensemencement.

Ce mode d'existence anachronique influence naturellement leur mentalité et explique leur aversion pour toute activité régulière, aversion qui tend pourtant à s'atténuer au contact des colons européens, à l'exemple de l'évolution caractéristique constatée antérieurement et pour la même cause en Algérie et en Tunisie.

Le Comte Grasselli Barni, l'apôtre de la colonisation agricole en Cyrénaïque et fondateur du village de Guarscia, constatait récemment devant un de nos amis (1), que les indigènes, après avoir regardé avec méfiance, sinon avec un mépris mal dissimulé, le travail des agriculteurs italiens, commencent déjà à venir se rendre compte sur place des nouvelles méthodes de culture, mais que l'étonnement qu'ils éprouvent devant les champs couverts de moissons magnifiques et de vignes exubérantes, ne les a pas empêchés jusqu'à présent de retourner au désert et de rester fidèles à leur charrue primitive.

« De la défiance à l'admiration, ajoutait-il, il n'y a qu'un pas, mais de l'admiration à l'imitation, l'étape est plus courte encore ; pourtant l'esprit atavique d'indépendance dont l'indigène est animé et son horreur instinctive des habitudes sédentaires retardent sensiblement l'heure de sa contribution légitime à l'œuvre de colonisation et celle où « la vivification de la terre morte », dont parle le Coran, sera pour lui la source d'un droit de propriété sur les terres cultivées. »

C'est pourquoi l'Arabe de l'intérieur persiste à vivre au jour le jour.

Le Professeur Mangini rapporte également

---

(1) Nous sommes redevable de cette information à la complaisance de M. Felicio Bassi, de l'*Idea coloniale*, l'un de nos amis italiens les plus compétents en matière coloniale.

que les indigènes de la colonie vivent exclusivement des produits de la terre, qu'ils exploitent sans méthode, et de l'élevage des bestiaux, en se déplaçant suivant la marche des saisons, les ressources en pâture, les facilités d'abreuvage, la fertilité des terres et autres exigences, qui peuvent varier d'année en année (1).

Dans ces conditions, la culture des céréales n'est pas soumise à une rotation régulière comportant des intervalles de repos et les semailles se suivent d'une manière désordonnée sur les terres choisies, pour peu que les pluies le permettent. « L'Arabe sème là où il a plu. » Au cours de leurs déplacements successifs, les Bédouins laissent à l'abandon pendant de longs mois de vastes régions, sans doute nécessaires à leur existence, et à celle de leurs troupeaux à certaines périodes d'année, mais qui se révèlent aux yeux des plus profanes comme susceptibles d'un rendement infiniment supérieur, si leur exploitation normale était assurée.

Le problème de la mise en valeur agricole de la Tripolitaine et de la Cyrénaïque nous semble maintenant parfaitement clair : c'est un pro

---

(1) Prof. A. MANGINI, *Relazione sull'attivita dell' ufficio dei servizi agrari della Cirenaica e considerazioni sul problema della valorizzazione agricola della Colonia,* Benghazy, 1924.

blème d'agriculture intensive. Il s'agit évidemment de substituer à la culture extensive et barbare actuellement pratiquée, la culture intensive organisée suivant les méthodes les plus modernes.

Mais si l'adoption de ces méthodes, l'utilisation de machines agricoles et l'emploi d'engrais chimiques n'offrent aucune difficulté sérieuse, y a-t-il lieu d'espérer pouvoir recruter sur place la main-d'œuvre indispensable ? La réponse ne saurait être que négative.

La densité de la population respective des deux colonies ne dépasse guère en effet 1 p. 100, et l'une et l'autre ne disposent aujourd'hui que d'un nombre de bras juste suffisant pour les besoins de l'agriculture traditionnelle, telle qu'elle est pratiquée actuellement. Nous lisons même dans le *Bulletin des Informations économiques du Ministère des Colonies* (1924, n° 6) qu'une raréfaction de la main-d'œuvre locale agricole serait plutôt à prévoir, du fait que l'indigène s'adonne de préférence à l'élevage et ne se livre à la culture des céréales que pour ses besoins personnels et dans la mesure juste nécessaire pour lui procurer une monnaie d'échange, ou plutôt de troc, et pour constituer de petites réserves en vue des années déficitaires.

La transition de l'état pastoral nomade à l'état agricole sédentaire n'est donc pas encore acquise. Mais les symptômes favorables à cette transition ne sont pas rares. En Tripolitaine, par exemple, les concessions sur lesquelles travaillent des Arabes sont déjà nombreuses (1) ; entre autres Valensin en cite une exploitée par deux familles arabes, composées chacune de cinq adultes, qui mettent en valeur 10 hectares ; ils ont planté en deux ans 1.000 oliviers, 1.000 arbres fruitiers, 3.500 mûriers, 300 orangers, 13.000 ricins, et ont semé la première année 7 quintaux d'orge, qui en ont rendu 70. Les Arabes reçoivent 400 lires par mois et par famille et ont droit au quart de la récolte. La répugnance instinctive de l'Arabe au travail sédentaire diminue, on le voit, au contact de la civilisation.

Donnons-en un second exemple, pris cette fois en Cyrénaïque. On a constaté en 1914 (2) une recrudescence encourageante de l'activité des populations du littoral et une augmentation notable des transactions foncières autour des centres côtiers ; des terres parfaitement in-

---

(1) G. Valensin, *Note sulla colonizzazione in Tripolitania*, Florence, 1925.

(2) *Bollettino informazioni economiche*, 1924, p. 917.

grates, souvent rocheuses, et jugées auparavant impropres à toute culture, y ont trouvé facilement preneur. Dans la banlieue de Benghazy, les indigènes payaient couramment des loyers de 60 à 80 lires à l'hectare pour pouvoir semer de l'orge dans la saison propice.

Ces premiers résultats ne sont certes pas négligeables, mais le jour où la grande majorité des nomades auront adopté la vie sédentaire, le problème de la main-d'œuvre, conséquence inévitable de la culture intensive, n'en restera pas moins délicat. Sa solution imposera fatalement le recours à la main-d'œuvre européenne, facilité d'ailleurs par l'immense réservoir de la métropole, et l'on estime qu'une dizaine de milliers d'ouvriers agricoles italiens suffiront à rendre à la Libye une partie de son antique splendeur, malgré sa séparation de la Régence de Tunis.

Indépendamment des céréales et des prairies artificielles, destinées aux besoins de la population des deux colonies méditerranéennes, l'exploitation intensive devra viser à développer la culture de la vigne et de l'olivier, non seulement pour suffire à ces besoins, mais également à une partie de ceux de la Mère Patrie. Or, on sait que la production vinicole du Royaume est d'une telle abondance qu'elle éprouve déjà de grandes difficultés à trouver des débouchés suffisants ; l'extension éventuelle du vignoble tripolitain soulève donc les mêmes objections en Italie que celle du vignoble marocain en France. Mais la question est toute différente pour le raisin de table et pour le raisin sec, dont l'Italie importe, nous l'avons dit, des quantités appréciables chaque année (10.000 quintaux d'Espagne seulement), et que ses colonies pourront lui fournir avantageusement.

D'ailleurs le climat de la Tripolitaine convient plutôt à cette production qu'à celle du raisin de cuve et les pays riverains du bassin méditerranéen constituent, sans parler de la métropole, un marché d'achat presque illimité et d'autant plus indiqué que la récolte du raisin en Libye est toujours en avance de quelques mois sur celle du continent.

A ce sujet, le Docteur Terlizzi fait justement remarquer que les nombreuses propriétés nutritives et thérapeutiques du raisin en font un excellent élément de reconstitution des organismes débilités, étant donnée la quantité de glucose, de ferments et de sels de potassium en solution aqueuse qu'il contient ; il estime souhaitable d'en répandre largement la culture dans tous les pays chauds et de mettre à la portée du plus grand nombre « la cure à bon marché » d'un fruit qui n'a pas encore été apprécié à sa juste valeur (1).

L'extension de la culture de l'olivier n'est pas moins désirable. Les Italiens déclarent inadmissible que la Libye ne puisse un jour arriver à rivaliser avec la Tunisie, surnommée à juste titre « le jardin des oliviers », alors que précisément elle payait jadis en huile son tribut à la Rome impériale.

Les spécialistes en la matière soutiennent, et le premier Congrès oléicole colonial, réuni à Tripoli en novembre 1924, l'affirma solennellement, que la culture de l'olivier en Tripolitaine peut rapidement égaler en importance celle de la Tunisie, sinon la dépasser. Mais ce résultat ne peut être acquis sans l'adoption de méthodes de culture rationnelles ; en effet, les indigènes livrés à eux-mêmes ne soignent pour ainsi dire pas les arbres, veulent en général ignorer la taille et persistent à pratiquer le système du gaulage, qui blesse beaucoup de fruits et détruit une partie des branches, et c'est pourquoi les récoltes sont si irrégulières et souvent nulles, sauf peut-être dans la région de Msellata, où la cueillette est faite avec quelques précautions.

------

(1) Dott. L. Terlizzi, *Norme e consigli per la coltivazione della vite in Cirenaica*, Benghazy, 1924.

Aussi le Gouvernement s'est-il préoccupé récemment de porter remède à cette situation et recrute désormais chaque année un certain nombre d'ouvriers agricoles des Pouilles au courant de la taille, auxquels est confié le soin d'initier les Arabes à cette opération. Après quelques hésitations, les indigènes en apprécient rapidement l'intérêt et nombreux sont déjà ceux qui réclament spontanément des instructeurs à l'Administration italienne (1).

En outre le Gouvernement fait distribuer aux agriculteurs, sans faire de différence entre les colons italiens et les indigènes, les jeunes plants à prix très bas.

Ce n'est donc pas sans raison que les Italiens fondent de grandes espérances sur l'avenir de cette culture en Tripolitaine. Si, comme il est à présumer, la production dépasse bientôt les facultés d'absorption de la consommation locale, au point de pouvoir alimenter une bonne partie du marché métropolitain, le Docteur Léone en déduit sans exagération que la Libye ne tardera pas à retrouver son antique prospérité ; nous pensons qu'il en résultera une renaissance de certaines industries, telles que celles du savon

____

(1) Dott. G. Léone, L'olivicoltura in Tunisia ed in Tripolitania, *L'Agricoltura coloniale*, 1924, n° 1.

et de l'huile, dont l'épuration par traitement à l'acide sulfurique concentré, par exemple, est facilitée par les ressources de la colonie.

Parmi les ennemis de l'olivier, la mouche de l'olivier (*dacus oleae*) est peut-être le plus sérieux ; elle pique l'olive pour y pondre ses œufs, et les larves en consomment la chair pendant leur développement. Or, on a remarqué que la Tripolitaine en souffrait exceptionnellement peu, grâce à l'existence de divers autres parasites entomophages. Le laboratoire d'entomologie agricole de Portici, près de Naples, s'est inspiré de cette heureuse particularité et cherche actuellement à les acclimater dans toute la péninsule, l'*opius* en premier lieu, dont il a déjà distribué plusieurs dizaines de milliers d'individus.

La culture des plantes fourragères et surtout celle des herbes médicinales sont également répandues en Tripolitaine. Les rendements enregistrés par l'Office agricole de Tripoli accusent une récolte de foin considérable généralement dès la première coupe, et toujours augmentée des regains plus ou moins nombreux suivant les saisons, les coupes se suivant en moyenne tous les trente jours.

L'intensification des prairies artificielles permettrait de combler assez rapidement par l'exportation le déficit de la Cyrénaïque voisine, dont la production est loin de suffire à l'élevage, malgré les dispositions judicieuses adoptées par le Gouvernement en faveur de toutes les industries agricoles et le grand développement des cultures intensives qu'elles ont entraîné (1).

---

(1) Ces dispositions sont les suivantes :
(Nous indiquons en italique celles qui intéressent plus spécialement notre sujet.)
Dispositions en faveur de l'agriculture en général :
1. Exemption de droits de douane pour les machines agricoles, les animaux reproducteurs, les semences et les matériaux en général destinés aux entreprises agricoles.
2. Crédit agricole.
3. Cession aux agriculteurs des quadrupèdes réformés au prix d'estimation.
4. Primes d'importation aux machines agricoles.
5. Concession à titre de prêt des machines agricoles appartenant au Gouvernement.
6. Concours avec prix et primes réservés aux entreprises agricoles.
7. Primes pour la remise en état et la construction de puits et citernes.
8. Primes directes d'encouragement à l'industrie agricole.
9. Propagande agricole et assistance au colon.
Dispositions en faveur de la culture des céréales :
1. *Délivrance gratuite des semences d'orge aux cultivateurs indigènes pauvres.*
2. Vente de semences de céréales aux agriculteurs à un tarif de faveur.
3. Primes pour l'exécution de labours rationnels.
4. Distributions de semences de céréales sélectionnées.
5. *Mise à disposition contre paiement d'équipes de prisonniers pour la moisson.*

Au contraire, une autre facilité octroyée depuis quelques années aux cultivateurs et inspirée par une décision analogue prise en Tripolitaine, pour encourager la taille des oliviers, est appelée à une certaine durée ; nous voulons parler de la possibilité pour eux d'obtenir gratuitement de l'Administration des ouvriers italiens spécialisés dans la taille et la greffe des arbres, mais pour les travaux à exécuter dans les jardins urbains seulement.

SECTION IV

TRAVAUX PUBLICS ET INDUSTRIES LOCALES

Le recrutement de la main-d'œuvre nécessitée par les travaux publics, sur l'importance desquels nous avons insisté à plusieurs reprises, qu'il s'agisse des grands travaux d'édilité, des ports, des routes, des chemins de fer, etc., n'a suscité jusqu'à présent aucune difficulté sérieuse.

Dans les quatre colonies, l'emploi en masse de la main-d'œuvre indigène a permis d'assurer convenablement au moins l'exécution de la partie la plus pénible de ces travaux. En Somalie l'emploi de la main-d'œuvre italienne spécialisée est resté très limité, d'autant que l'élément militaire y a prêté son concours ; de même, en Érythrée, les indigènes ont fourni le gros de la main-d'œuvre indispensable, avec les 1.000 à 1.500 ouvriers italiens établis dans la colonie. En Tripolitaine et en Cyrénaïque au contraire, la répugnance traditionnelle des Arabes aux travaux pénibles, répugnance qui tend d'ailleurs à s'atténuer, a obligé le Gouvernement, devant les besoins croissants des dernières années, à faire largement appel à la main-d'œuvre européenne.

L'importation d'un nombre relativement élevé d'ouvriers italiens affectés aux travaux publics a donné d'excellents résultats et a eu pour conséquence l'extension aux deux colonies nord-africaines de la législation italienne du travail, notamment de celle des lois de prévoyance ouvrière sur les accidents du travail et d'assurance obligatoire contre la vieillesse et l'invalidité, promulguées depuis peu en Italie.

Certains travaux ont cependant été réservés exclusivement aux Arabes, par exemple la remise en état des mosquées et des marabouts, qui avaient été complètement laissés à l'abandon sous la domination turque.

CONCLUSION

Nous avons exposé pour chaque colonie et pour chaque industrie en particulier les possibilités de l'emploi respectif de la main-d'œuvre indigène et de la main-d'œuvre européenne, en insistant sur les conditions du climat propre à chaque colonie comme facteur essentiel de cet emploi. Nous aboutissons à cette conclusion que, sauf en Somalie, le manque de bras ne se fait pas actuellement sentir. La crise endémique de main-d'œuvre en Somalie exigera, en effet, pour l'exécution des grands projets à l'étude, un appoint important d'indigènes originaires des autres régions africaines et asiatiques, étant donnée l'impossibilité d'y utiliser les ouvriers européens.

Par contre, en Érythrée, une crise de main-d'œuvre indigène, la seule qui pourrait être envisagée, n'est pas en question.

Enfin, la Tripolitaine et la Cyrénaïque ne souffrent pas davantage d'une crise proprement dite, et l'insuffisance relative de main-d'œuvre que nous avons eu l'occasion d'y signaler sera très probablement comblée suffisamment par les éléments locaux, dès que les opérations de pacification en cours depuis 1911 seront terminées. En tout cas, si les besoins de main-d'œuvre devenaient alors plus pressants dans les deux colonies méditerranéennes, leur climat favorable leur permettrait de faire appel aux réserves presque illimitées de la Mère Patrie pour y satisfaire.

CHAPITRE III

Étude juridique de la législation de la main-d'œuvre appliquée dans les colonies italiennes.

GÉNÉRALITÉS

La main-d'œuvre est sans contredit l'un des facteurs les plus essentiels au progrès économique et industriel de toute métropole et la condition *sine qua non* de la mise en valeur de toute colonie.

En Italie, le législateur a su résoudre les problèmes qu'elles soulèvent, à l'exemple des autres États civilisés, par une réglementation judicieuse et appropriée. Le Code du Travail italien renferme à cet égard un système complet de législation, notamment les lois sur les assurances sociales, contre les accidents du travail agricole et industriel, l'invalidité, la vieillesse et le chômage et la réglementation du travail nocturne des femmes et des enfants.

Insistons plus spécialement sur deux lois fondamentales ; la première limite à huit heures la durée de la journée de travail ; la seconde réglemente les contrats collectifs entre entrepreneurs et salariés (loi du 3 avril 1926, n° 563), et vient d'être promulguée par le Gouvernement fasciste pour combattre les dangers et atténuer les graves conséquences sociales et économiques de la lutte des classes.

Un examen approfondi de cette dernière, qui sera probablement étendue en premier lieu aux colonies méditerranéennes, dès qu'elle aura reçu sa complète application dans la métropole, ne rentre pas précisément dans l'objet de notre étude, mais son importance exceptionnelle et l'éventualité de son extension prochaine à la Tripolitaine et à la Cyrénaïque rendent néanmoins quelques explications nécessaires.

Mentionnons donc avec M. Boselli, rapporteur du projet au Sénat (1), que la conception dont elle s'inspire peut se résumer comme suit : Le syndicalisme doit être au service de l'État et doit subordonner aux nécessités vitales de la nation, pendant la paix comme pendant la guerre, les revendications des masses ouvrières ; ce principe est seul susceptible de permettre

____

(1) A. Toffoletto, *Disciplina giuridica dei rapporti collettivi del lavoro*, Milan, 1926. Pirola, éd.

l'accord harmonieux dans la collectivité des deux grands facteurs de la production, le capital et le travail, et d'aboutir à la convergence de leur effort ; l'intérêt général exige qu'il soit désormais substitué à celui de la lutte perpétuelle entre les représentants des deux éléments, jusqu'à présent constamment et violemment opposés, et que leurs conflits soient tranchés, non plus par la force brutale, mais par des voies juridiques appropriées.

A cet effet les coalitions et les grèves sont interdites ; de plus l'État intervient entre le capital et le travail et leur impose l'obligation de soumettre à des juridictions spéciales du travail tous les différends nés à l'occasion de l'exécution ou de l'interprétation des contrats collectifs passés entre les syndicats patronaux et ouriers, communaux, provinciaux et nationaux, représentant tous les entrepreneurs et travailleurs de leur ressort (1).

Sans insister davantage, examinons maintenant dans quelles conditions le législateur italien a entendu organiser la protection de la main-d'œuvre européenne et indigène des diverses industries des territoires coloniaux.

---

(1) Cfr. législation française et décret du 17 septembre 1900.

SECTION I

L'IMMIGRATION DE LA MAIN-D'ŒUVRE EUROPÉENNE DANS LES COLONIES ITALIENNES

Qui s'attache à dégager l'esprit de la réglementation de l'immigration blanche dans les diverses colonies italiennes, est frappé par le principe de restriction qui partout et toujours préside à son élaboration.

Pour être admis à entrer et à plus forte raison à résider dans une colonie, l'obtention d'un passeport colonial spécial est obligatoire, et ce passeport est impitoyablement refusé aux postulants qui n'offrent pas les garanties morales nécessaires et n'ont pas un casier judiciaire intact, conformément à la règle usuelle en matière de passeports à l'étranger, comme à ceux qui ne peuvent justifier de ressources suffisantes et seraient exposés à tomber à la charge de l'Assistance publique.

A cet effet, quiconque fait la demande d'un passeport colonial doit, à moins qu'il ne s'agisse d'une personne notoirement riche, effectuer le dépôt d'une petite somme, destinée à garantir le remboursement aux Gouvernements coloniaux des frais nécessités par son rapatriement éventuel. Ce dépôt de garantie, à peu près équivalent au prix du passage en troisième classe du port italien d'embarquement au port colonial de débarquement, est fixé annuellement par le Ministère des Colonies en accord avec les Gouvernements coloniaux respectifs.

Le régime des passeports coloniaux est réglementé en Somalie et en Érythrée par le décret royal du 23 décembre 1923, n° 3230, applicable aux deux colonies de l'Afrique Orientale et transitoirement au territoire du Transjuba, et qui reproduit intégralement les dispositions de celui du 3 avril 1913, n° 313, applicable à la Libye.

Parmi leurs dispositions, l'une des plus caractéristiques interdit le débarquement de groupes de personnes sans une autorisation spéciale du Ministère des Colonies, même si chaque passager est porteur d'un passeport individuel. Cette mesure d'ordre public ne vise pourtant pas les travailleurs, comme nous nous en rendrons compte par le texte de la formule *ad hoc* que nous donnons en appendice. Notons également la clause qui dispense de passeport les ouvriers qui justifient d'un contrat de travail et pour lesquels les sociétés ou entrepreneurs qui les ont engagés se portent garants. La nature et la forme de cette garantie est laissée à l'appréciation de l'autorité coloniale, en vue d'éviter les frais de rapatriement dont pourraient être éventuellement grevé le budget de la colonie.

De plus, des facilités particulières sont accordées aux touristes voyageant en caravane, dans le but d'encourager le développement du grand tourisme, qui commence à prendre une certaine importance ; mais ces facilités sont limitées à la Libye et ne peuvent, en aucun cas, être étendues aux travailleurs en groupe.

Cette réglementation de l'immigration européenne dans les colonies italiennes a donné satisfaction et son application n'a soulevé aucune difficulté depuis son introduction.

SECTION II

LA MAIN-D'ŒUVRE DANS L'INDUSTRIE DE LA PÊCHE

Nous savons déjà de quelle attention l'industrie de la pêche coloniale a été l'objet de la part du Gouvernement italien, mais la réglementation de la main-d'œuvre introduite en cette matière se borne jusqu'à présent à organiser sa protection dans les eaux libyennes, où la pêche tend à prendre de jour en jour une plus grande extension. Il a été en effet jugé impossible de soumettre son exercice dans les eaux

d'Érythrée à un régime analogue, en raison des
conditions locales et des usages traditionnels de
la population côtière indigène, que nous avons
exposés dans notre partie économique, et sans
doute aussi parce que le besoin ne s'en faisait
pas sentir au même degré (1).

En Libye, au contraire, le caractère périlleux
de la pêche des éponges et les accidents souvent
mortels auxquels elle donne lieu, l'affluence des
pêcheurs indigènes, grecs et depuis quelques
années italiens, l'absence enfin de toutes mesures de protection sous la domination turque,
appelaient une intervention officielle rigoureuse
qui a trouvé son expression dans le décret royal
du 27 février 1913, n° 312, modifié récemment
par celui du 22 novembre 1925, n° 2273.

Dans l'ensemble cette disposition, dont nous
donnons la traduction partielle en appendice,
étend la protection administrative aux travailleurs indigènes et étrangers, comme aux italiens,
protection d'autant plus indispensable que leur
nombre, qu'il s'agisse de main-d'œuvre blanche
ou indigène, s'accroît régulièrement d'année en
année, grâce aux facilités accordées par le Gou-

---

(1) V. pourtant *infra*, le décret de 1923 étendant la loi
sur les accidents du travail à l'Érythrée pour les ouvriers
italiens et éventuellement et par réciprocité aux autres
Européens, décret non encore appliqué.

vernement colonial, notamment en matière de crédit (1).

Européens comme indigènes en bénéficient donc indistinctement et les textes précités ont été complétés par une suite de règlements de police sanitaire maritime et surtout par « l'instruction pour l'exercice de la profession de scaphandriers et les précautions à prendre pendant le séjour au fond », instruction approuvée par décret ministériel du 4 juin 1913, et distribuée gratuitement à tout marin où scaphandrier au moment de son engagement en présence des autorités maritimes.

De plus, en exécution du règlement pour l'exercice de la pêche des éponges, des secours spéciaux ont été créés en cas d'accident ; le décret du 10 avril 1921 les fixe comme suit pour la campagne estivale de 1921 et pour la campagne hivernale 1921-1922 :

a) 4.000 lires, en cas d'incapacité permanente, relative, limitée à l'exercice de la profession de scaphandrier.

---

(1) Pendant la campagne de 1922 (du 1er avril au 30 novembre), la composition des neuf équipages qui s'adonnèrent à la pêche des éponges fut la suivante : 97 Italiens, 48 Grecs, 14 Anglais, 7 Français, 1 Turc. Le produit total de la pêche atteignit 1.171 kilogrammes d'éponges, d'une valeur de 900.000 lires environ.

b) 8.000 lires, en cas d'incapacité permanente absolue.

c) 4.000 lires aux héritiers, en cas de mort.

Ces sommes sont allouées sans préjudice des pensions attribuées éventuellement aux ayants droit par la Caisse des Invalides de la Marine marchande, à laquelle tous les marins doivent être inscrits obligatoirement en Italie.

Quant à la pêche du thon, dont nous avons pu également constater l'importance grandissante, elle absorbe une main-d'œuvre indigène déjà nombreuse, qui s'est surtout spécialisée dans le travail à terre, particulièrement pénible, mais dont les salaires sont élevés (1).

---

(1) Nous donnons ci-dessous un aperçu des salaires payés dans les madragues de la Tripolitaine pendant la campagne 1922, en prenant comme exemple celle de Marsa Zuaga :

Equipage de mer :

1 Raïs (1) : 51 lires par jour, plus 360 lires par 1.000 thons ;

1 sous-raïs : 26 lires par jour, plus 180 lires par 1.000 thons ;

2 gardiens-chefs : 17 lires 70 par jour, plus 3 lires de gratification, plus 100 lires par 1.000 thons ;

8 marins : 14 lires 35 par jour, plus 3 lires de gratification, plus 70 lires par 1.000 thons ;

42 harponneurs : 11 lires par jour, plus 3 lires de gratification, plus 70 lires par 1.000 thons.

Total : 54 hommes.

En outre le thon le plus gros de chaque millier appar-

(1) Nom méditerranéen d'un filet et, par extension, celui du pêcheur.

Les contrats de travail sont rédigés de manière à éviter tout abus de la part des armateurs et le contrôle de leur application est confié, comme en Italie, aux autorités maritimes, seules habilitées à trancher les différends qui peuvent s'élever entre patrons et ouvriers, conformément au Code libyen de la Marine marchande, qui ne diffère d'ailleurs du Code italien que par certains détails.

---

tient à l'équipage, qui a droit également à une rétribution de 300 lires pour chaque millier de poissons divers d'un poids supérieur à 5 kilogrammes et à 20 p. 100 des petits poissons.

Equipe à terre :

1 cantinier : 20 lires par jour, plus 3 lires de gratification, plus 1 lire de pourboire supplémentaire, plus 110 lires par 1.000 thons.

1 sauveteur : 18 lires par jour, plus 3 lires de gratification, plus 1 lire de pourboire supplémentaire, plus 90 lires par 1.000 thons.

1 fossoyeur : 12 lires par jour.

15 saleurs : 10 lires par jour.

10 découpeurs : 10 lires par jour.

2 chauffeurs : 10 lires par jour.

1 chef tonnelier : 22 lires par jour.

2 soudeurs : 20 lires par jour.

2 charpentiers : 20 lires par jour.

10 tonneliers : 20 lires par jour.

20 manœuvres : 10 lires par jour, plus 3 lires de gratification, plus 1 lire de pourboire supplémentaire, plus 30 lires par 1.000 thons.

Total : 65 hommes.

Total de l'équipage de mer et de l'équipe de terre : 119 hommes, sans compter le directeur de la madrague.

SECTION III

LES ASSURANCES EN LIBYE

Presque aussitôt après l'occupation, la loi italienne sur les accidents du travail a été étendue à la Libye par le décret royal du 25 mai 1913, n° 668, en y apportant les modifications dictées par la situation de la nouvelle colonie, les conditions locales d'exercice des diverses industries et le degré relatif d'éducation sociale des travailleurs.

C'est ainsi que, suivant le texte de l'article premier, « les dispositions contenues dans le texte unique de lois sur les accidents du travail, sont étendues à la Tripolitaine et à la Cyrénaïque, dans la mesure de leur applicabilité et avec les modifications stipulées au présent décret »; et que l'article 2 introduit dans les deux colonies celles en vigueur dans le Royaume en matière de prévoyance des accidents.

La loi établit une distinction entre l'ouvrier italien et l'ouvrier indigène ; elle assimile l'ouvrier étranger à l'ouvrier italien et le sujet étranger à l'ouvrier indigène (article 4). Aussi l'assurance par le patron, obligatoire pour tous les ouvriers italiens, comme pour tous les ouvriers étrangers, ne l'est pas pour les indigènes italiens et pour les sujets étrangers, à moins qu'ils ne soient supérieurs en nombre (article 9). Encore l'assurance n'est-elle obligatoire pour les indigènes qu'en cas d'accident entraînant soit la mort, soit une incapacité de travail permanente absolue ou relative, et non, comme pour les ouvriers blancs, en cas d'accident entraînant une incapacité relative et temporaire (article 10).

Il serait pourtant exagéré de penser que l'indigène accidenté et frappé d'une incapacité temporaire est réduit à ses seules ressources. L'article 12 impose en effet au patron l'obligation de lui fournir pendant trois mois les soins médicaux et les produits pharmaceutiques nécessaires ; en outre, si l'incapacité persiste ensuite, cette obligation continue, mais avec faculté pour le patron de faire valoir son droit au remboursement des frais qu'il a assumés pendant cette seconde période sur l'indemnité que l'accidenté est appelé à toucher.

On ne peut nier que la charge ne soit lourde pour l'employeur, surtout si l'on considère que les apprentis bénéficient des mêmes avantages que les ouvriers proprement dits et que les conditions d'hygiène dans lesquelles vivent les indigènes ne sont pas précisément de nature à hâter leur rétablissement. Néanmoins le souci

de sauvegarder la race indigène et de limiter
dans la mesure du possible les obligations des
assureurs a conduit à cette solution.

Le monopole des Assurances contre les accidents du travail a été réservé, nous l'avons vu,
à la Caisse Nationale-Accidents, institution de
premier ordre et sans but spéculatif, qui est
particulièrement préparée à remplir ce rôle délicat dans un pays à population aussi hétérogène
que l'Afrique italienne du nord.

Nous avons dit également que la loi sur les
assurances sociales contre l'invalidité et la vieillesse ne pourrait être étendue pratiquement
à la Libye, avant un certain délai ; il siéra de
l'appliquer en premier lieu aux Européens, à
l'exemple de la Tunisie, où une loi analogue a
donné entière satisfaction.

Ces mesures prévoyantes ont contribué à doter la Libye d'une réglementation protectrice
du travail comparable à celle d'une province
du Royaume, plutôt qu'à celle d'une colonie
réelle, et font prévoir l'assimilation rapide et
complète de sa législation sociale à la législation
métropolitaine. Mentionnons à cet égard les
dispositions prises pendant la guerre mondiale
en faveur des travailleurs libyques recrutés par
groupe de cinq cents environ pour les usines
Ansaldo ; conformément au Rapport Colosimo

au Parlement national, les Gouvernements coloniaux imposèrent immédiatement l'obligation de l'assurance contre les accidents pour les ouvriers indigènes à la charge de la Société Ansaldo. Cette exigence suffirait à démontrer la protection vigilante exercée par les autorités coloniales italiennes sur la main-d'œuvre indigène.

SECTION IV

LA MAIN-D'ŒUVRE EN ÉRYTHRÉE ET LE DÉCRET DU GOUVERNEUR DU 23 MARS 1903.

Après la conclusion de la paix avec l'Abyssinie, le Gouvernement colonial qui succéda peu après au Gouvernement militaire porta tout son effort sur les travaux publics et fut naturellement amené à chercher la solution la plus appropriée du problème de la main-d'œuvre européenne et surtout indigène.

Cette première période fut marquée par certains excès de la part d'entrepreneurs de travaux publics, qui, lors de la passation du contrat de travail, se réservaient la faculté d'infliger de leur propre chef des amendes élevées à l'ouvrier indigène, sous prétexte de résiliation abusive ou d'inexécution totale ou partielle des conventions ; cette clause léonine aboutissait parfois à la confiscation pure et simple du salaire.

Les excès en question, signalés par M. Ferdinando Martini (1), premier Gouverneur civil de l'Érythrée, dans un rapport remarquable au Parlement italien, et dont il ne faudrait d'ailleurs pas exagérer la fréquence, ainsi que l'obligation de faire face à bref délai par un recrutement indigène suffisant à l'exécution du nouveau programme de grands travaux, entraînèrent l'introduction d'une législation spéciale, destinée à régler à l'avenir les droits et les obligations réciproques des patrons et des ouvriers.

Cette réglementation à tendance égalitaire, inspirée des principes de large démocratie qui régnaient alors en Italie, et qui ont incité le Gouverneur Martini à placer pour ainsi dire sur le même pied l'employeur et le salarié, n'a pas été sans soulever les critiques de certains milieux. Quoi qu'il en soit, son application a donné des résultats satisfaisants ; elle a radicalement supprimé les amendes arbitraires, elle a permis de mener à bonne fin et de poursuivre actuellement des travaux considérables et a encouragé

____

(1) F. MARTINI, *Relazione sulla colonia Eritrea*. Rome, 1905, Ministère des Affaires étrangères.

l'indigène à renoncer à sa paresse traditionnelle, en lui inculquant le goût d'un travail dont la juste rémunération lui est désormais garantie, et qui lui apporte une sécurité et un bien-être encore inconnus. Enfin, au double point de vue politique et social, elle a eu la plus heureuse influence sur l'évolution de sa mentalité, en lui apprenant à connaître et à apprécier les bienfaits de la civilisation occidentale.

Telle fut l'œuvre du décret du 25 mars 1903, qui créa également le livret ouvrier (1). Ce livret, analogue au livret ouvrier italien, doit mentionner, outre les indications concernant l'identité du travailleur, la nature, les conditions et la durée du travail pour lequel il est engagé par l'entrepreneur européen ou assimilé. Tout ouvrier doit donc être pourvu d'un livret, sur lequel le patron est tenu obligatoirement de porter les mentions précédentes, qui, en cas de contestations, seront seules prises en considé-

_____

(1) Cfr. les dispositions appliquées à Mayotte, aux Comores, au Congo, en Cochinchine et dans les colonies étrangères. V. G. Guyot, Le problème de la main-d'œuvre dans les colonies d'exploitation, *op. cit.*, notamment pp. 85, 140 et 142. Nous disions déjà alors : « Ces dispositions, qui rappellent par certains côtés la fameuse législation des livrets ouvriers en France, aujourd'hui abrogée, sont absolument indispensables aux colonies et constituent en réalité, non seulement une mesure de police du travail, mais aussi de police générale. »

ration par le magistrat, et dont l'altération exposerait l'employeur qui s'en rendrait coupable à des poursuites pour faux et escroquerie.

De plus, le décret dispose que le contrat de travail et les modifications qui pourraient y être apportées ultérieurement doivent être passés par écrit en présence d'une autorité italienne civile ou militaire, suivant les lieux. De même, pour éviter le retour des abus signalés, il impose à l'employeur l'obligation de régler le salaire en monnaie, excepté au cas où l'ouvrier lui-même en aurait spontanément fait la demande et où le patron pourrait alors être autorisé par l'autorité locale à payer une partie du salaire, mais jamais l'intégralité, en vivres ; encore ces vivres ne doivent-ils être comptés qu'à prix coûtant, en accord avec les mercuriales approuvées par l'Administration (1).

Quant aux amendes, le décret se borne à confirmer un principe déjà appliqué usuellement dans les rapports entre entrepreneurs et indigènes, et suivant lequel l'amende ne peut jamais

(1) Cfr. la loi française du 12 janvier 1895 (art. 4) qui défend d'opposer en compensation à l'ouvrier qui réclame le paiement de son salaire, les sommes qu'il peut devoir à son patron pour fournitures diverses, sauf quelques fournitures d'outils et de matériaux, dans les conditions indiquées par ce texte.

Les abus du « truck system » sont trop connus pour qu'il soit nécessaire d'insister.

excéder la moitié du salaire journalier, ni le total des amendes infligées pendant la quinzaine le dixième du salaire total de cette quinzaine.

Mais le décret s'est préoccupé d'assurer au patron la contre-partie à laquelle il a droit et vise à prévenir la rupture abusive du contrat par les ouvriers qui, sans préavis ni motif valable, abandonnaient trop souvent leur travail en groupe ou individuellement. A cet effet, il autorise l'entrepreneur à retenir le montant du salaire de la première quinzaine, en cas de rupture brusque du contrat par l'ouvrier, sans préavis d'une semaine au moins. De son côté, l'employeur est tenu à observer ce même délai vis-à-vis de son personnel.

Dans le même ordre d'idées, les contrats d'entreprises passés par l'Administration coloniale contiennent une clause spéciale, suivant laquelle celle-ci est fondée à retenir au moment du paiement les sommes que l'entrepreneur resterait devoir à ses ouvriers, sans préjudice d'une amende égale aux salaires impayés.

Enfin les sanctions prévues envers le travailleur indigène qui a encouru plusieurs amendes ou dont la conduite a porté atteinte sans excuse valable à la bonne marche des travaux, sont différentes, selon qu'il s'agit d'un ouvrier appartenant ou n'appartenant pas à une tribu

résidant dans la colonie ; le premier encourt les
peines usuelles en vigueur dans sa tribu, peines
dont l'application est confiée au chef de tribu,
l'autre peut être expulsé du territoire de la colonie. Notons que l'entrepreneur blanc ou assimilé, qui manquerait à ses devoirs humanitaires
envers les indigènes ou qui dénoncerait sans
motif légitime le contrat de travail s'exposerait
également à cette dernière sanction.

Peut-on affirmer que le décret du 23 mars
1903 a atteint le but désiré par le législateur ?
Une réponse affirmative n'est pas douteuse.
L'expérience a démontré l'exactitude des con-
ceptions qui avaient présidé à son élaboration.
Il suffit en effet de considérer les travaux considérables qu'il a permis d'exécuter depuis sa promulgation dans une colonie comme l'Érythrée,
dont la population appartient à des religions
diverses et n'est pas précisément malléable.

Rappelons à cet égard la construction de
la remarquable ligne de chemin de fer de Massaouah à Asmara, en cours de raccordement
avec les deux tronçons d'Asmara à Chéren et
de Chéren à Agordat, à laquelle plus de 3.000 indigènes ont presque constamment travaillé ; les
installations hydroélectriques de Belesa, qui en
occupèrent environ 850 par jour, sans compter
30 blancs ; l'ouvrage véritablement grandiose

du barrage de Tessenei qui nécessita une main-d'œuvre quotidienne de 2.000 indigènes et enfin les travaux du port de Massaouah après le dernier tremblement de terre.

L'Érythrée n'a pas encore bénéficié, en fait, comme la Libye, de la législation métropolitaine sur les accidents du travail et sur les assurances sociales, en raison de ses conditions spéciales. Cependant le décret de 1923 a prévu son extension aux travailleurs italiens de la colonie, sans qu'un règlement *ad hoc* l'ait jusqu'à présent permis pratiquement. Il est à prévoir qu'un tel règlement interviendra prochainement et que la législation sociale italienne sera, également comme en Libye et en y apportant les quelques modifications nécessaires, appliquée par réciprocité aux ouvriers étrangers des autres nations européennes, qui accordent le bénéfice d'une législation analogue aux Italiens, ainsi qu'aux indigènes sujets italiens.

SECTION V

LA MAIN-D'ŒUVRE EN SOMALIE ET LA LIBERTÉ DU CONTRAT DE TRAVAIL

L'organisation politique caractéristique de la Somalie n'a pas peu contribué, avec les particularités ethniques et sociales que nous y avons signalées, à la pauvreté persistante des dispositions législatives et administratives en matière de main-d'œuvre et notamment de main-d'œuvre agricole. En réalité, ce ne fut guère avant l'arrivée au Gouvernement du Comte de Vecchi de Val Cismon que de grands travaux furent entrepris en Somalie.

Auparavant la création d'un réseau routier d'une certaine importance avait été rendue possible par l'occupation et grâce aux clauses insérées dans les traités de protection par quelques explorateurs et agents de la Compagnie Filonardi, avant la prise de possession par l'Italie, et suivant lesquelles les Kabyles étaient tenus d'apporter une large contribution aux travaux, sous forme de prestations collectives, dans la résidence où ils s'étaient fixés.

Pour la construction des redoutes et des édifices publics, pour la plupart militaires, on avait employé les troupes d'occupation et des esclaves affranchis, qui, fait caractéristique, s'établissent en Somalie dans des villages situés au bord des rivières.

Le premier mode de prestation, fourni en général par les Kabyles, s'appliqua donc pour des travaux publics, tels que la construction des routes. Mais ce travail collectif, à la différence de ce que nous avons vu dans d'autres colonies (1), n'est pas forcé et ne présente pas la forme d'un tribut. « La contribution apportée à l'exécution des travaux publics par les Kabyles, écrit à ce sujet le Sénateur de Martino, dans son Rapport sur la Somalie (2), est essentiellement rémunératrice et se traduit finalement par un profit personnel pour chaque membre de la tribu, au chef de laquelle le Gouvernement prescrit un certain travail. »

Les chefs de tribus, reconnus et rémunérés par le Gouvernement colonial, sont alors de véritables agents de l'Administration italienne et ont un intérêt évident à suivre ses directives, sous peine d'encourir la destitution immédiate. Mais la fourniture des prestations ne doit pas porter préjudice aux travaux agricoles essentiels, aux soins à donner aux pâturages et à l'entretien des abreuvoirs indispensables ; aussi l'indigène n'y est-il astreint qu'en morte-saison.

Les prestations sont en général payées en espèces, mais peuvent l'être également en objets manufacturés, en vivres, en armes, etc..., suivant les conditions prescrites par les autorités pour chaque cas particulier.

---

(1) V. G. GUYOT, *op. cit.*

(2) Sén. DE MARTINO, *La Somalia nei tre anni del mio governo*, Roma, Ministero delle Colonie, 1912.

Il ne saurait donc être question de salaire proprement dit, sauf pour les affranchis et quelques Somalis isolés, mais leur indolence atavique les prédispose si peu à un travail suivi et les incite si fréquemment à l'abandonner, que M. de Martino conclut dans son rapport à la nécessité absolue de prendre des mesures de contrainte à l'égard de ceux qui viendraient à manquer à leur contrat ; d'après lui, la seule solution consisterait à stipuler une clause pénale dans tout contrat de travail. Il observe d'ailleurs ensuite qu'il serait peut-être préférable d'adapter la solution éventuelle à la mentalité des indigènes en éveillant autant que possible leur intérêt personnel et en leur accordant une participation suffisante aux récoltes.

Quoi qu'il en soit, les suggestions de M. de Martino ne furent pas prises en considération, pas plus que d'autres propositions qui tendaient à imposer aux indigènes la prestation forcée d'un certain nombre de journées de travail.

M. Bodrero (1), ancien Directeur général au Ministère des Colonies, à qui de longues années passées en Somalie ont conquis l'oreille du Parlement, manifesta une opposition résolue au tra-

---

(1) BODRERO, *Il problema tributario della Somalia*, Rome, Ministero delle Colonie, 1906.

vail forcé et fit remarquer que les tentatives des
Anglais pour l'introduire en Afrique orientale
n'avaient eu aucun résultat sérieux, et que les
autorités coloniales anglaises avaient été ame-
nées, pour résoudre d'une manière quelconque ce
problème délicat, à imposer à l'entrepreneur et
au colon l'obligation de fournir aux travailleurs un logement convenable, des vivres, des
effets et des médicaments. L'entrepreneur,
comme le colon, peuvent y être contraints à
donner des garanties pour le paiement des journées de travail, et, de son côté, l'indigène est
passible, en cas de rupture brusque de son contrat, de peines pécuniaires, commuables en pri-
son, et même de châtiments corporels, laissés à
la seule appréciation du magistrat.

C'est sans doute à ces dispositions que pen-
sait M. de Martino, quand il réclamait l'introduction en Somalie d'une législation analogue,
en vue de soumettre la main-d'œuvre indigène
à une discipline sévère. Mais le Parlement ne
crut pas pouvoir le suivre sur ce terrain, et si
pratiquement le but poursuivi n'a pas été réalisé aussi rigoureusement par la constitution de
la Société Somala, basée sur la collaboration des
Kabyles, l'action à la fois diligente et persuasive
des résidents a abouti à la prestation collective
de travail de tribus entières ; quant aux affran-

chis et aux Somalis libres, ils ont désormais trouvé dans les rétributions accordées un stimulant suffisant, dans des conditions qu'ils n'auraient osé espérer, réduits à eux-mêmes.

Ainsi fut résolu d'une manière satisfaisante, sans intervention active officielle des autorités coloniales, sans dispositions législatives exceptionnelles, sans contrainte et par le seul jeu des intérêts particuliers en présence, le problème du recrutement de la main-d'œuvre en Somalie.

Il importait cependant de réglementer les rapports entre colons et indigènes, et de soumettre obligatoirement la rédaction des contrats de travail à des conditions préétablies. Cette réglementation déjà ancienne (1902) prescrit leur passation par devant les autorités italiennes, assistées du cadi local, qui, suivant le droit coutumier somali et en accord avec la législation italienne, remplit les fonctions de magistrat et de notaire pour un certain nombre d'actes déterminés.

Le succès de ce système, fondé exclusivement sur des conventions privées, n'a nulle part été plus probant que dans l'entreprise du Duc des Abruzzes. La Société Italo-Somala accorde aux ouvriers libres ou affranchis la jouissance gratuite des maisons d'habitation qu'elle a construites à leur usage, et d'un terrain d'un hectare, dont la moitié est cultivée en céréales, au bénéfice de l'exploitant, et l'autre moitié en plantes industrielles, pour le compte de la Société. En outre, le colon indigène a la faculté de s'employer, pendant le temps qui lui reste disponible et moyennant un salaire convenable, sur les terres cultivées directement par la Société.

M. Scassellati, Directeur général de la Société Italo-Somala, nous donne à cet égard des renseignements précis (1). La Société dispose à l'heure actuelle de 1.400 familles de colons et a réussi à fixer sur son domaine ces habitants presque sauvages de la forêt, jusqu'à présent rebelles à tout travail et misérables ; le progrès est tel qu'ils n'hésitent pas à profiter de la saison des pluies, au cours de laquelle les travaux sont nécessairement suspendus, pour retourner dans leurs villages y cultiver leurs propres terres.

Ces résultats sont, on le voit, extrêmement favorables, tant au point de vue économique, qu'au double point de vue politique et social. Ils permettent d'enregistrer une évolution rapide et inespérée de la mentalité indigène et d'envisager avec moins d'inquiétude l'avenir de la

---

(1) G. SCASSELLATI-SFOZZOLINI, *La Societa agricola italo-somala in Somalia*, Florence, Institut agricole colonial italien, 1926.

colonie. Aussi M. Scassellati peut-il enregistrer sans exagération « l'étonnante transformation d'un désert inculte et désolé, envahi de ronces et de broussailles, brûlant et desséché pendant dix mois de l'année, en une immense surface cultivée et verdoyante, sillonnée de canaux d'irrigation, de routes, de lignes Decauville et téléphoniques, divisée régulièrement en fermes et en champs, parsemée de belles constructions civiles et rurales, comprenant plusieurs centres populeux, et où règne une activité fiévreuse, bien éloignée de l'inertie et de l'indolence ancestrales des indigènes. »

L'œuvre réalisée par la Société Italo-Somala semble, il est vrai, et à première vue, tenir du miracle ; elle fait grand honneur à son fondateur et légitime les plus grandes espérances.

Enfin le Gouvernement s'est attaché, par une propagande inlassable, à combattre les maladies contagieuses, si répandues dans la zon tropicale, notamment la malaria et la peste bubonique, et l'état sanitaire est l'objet de son constant souci. Le corps de santé militaire vient heureusement renforcer l'action de dispensaires déjà nombreux, même pour les soins à donner à la population civile. Là comme dans les colonies en général, le médecin est l'agent de civilisation par excellence.

CONCLUSION

Avant de terminer notre étude de la réglementation de la main-d'œuvre européenne et indigène dans les colonies italiennes, il nous reste à l'apprécier dans son ensemble en nous plaçant au point de vue purement éthique. '

Si nous n'avons pu lui donner une extension comparable à celle que nous avions consacrée antérieurement aux colonies néerlandaises par exemple, nous nous sommes efforcé de poser le problème dans toute son ampleur relative, en insistant sur les solutions parfois originales intervenues respectivement dans chaque colonie.

Mais si, comme nous l'avons fait remarquer à plusieurs reprises, la question de la main-d'œuvre, sauf peut-être en Somalie, ne se présente pas ici dans des conditions aussi pressantes, au moins jusqu'à présent, que dans certaines autres possessions d'outre-mer, on peut affirmer que le législateur italien s'est toujours montré soucieux de son rôle de protection à l'égard de l'indigène et de le garantir contre toute exploitation de la part de l'employeur, tout en assurant à celui-ci l'exécution par l'engagé de son contrat de travail, et qu'il a également ment apporté tous ses soins à l'organisation de la prévoyance ouvrière et à l'amélioration progressive de l'état sanitaire.

Fait caractéristique et qu'il serait, à notre avis, profondément injuste d'attribuer seulement à l'absence virtuelle de crise de main-d'œuvre dans leurs colonies, les Italiens ont estimé avec M. Leroy-Beaulieu (1) que le régime des engagements et des sanctions pénales, au moins sous une certaine forme, n'est, à vrai dire, qu'une transformation déguisée de l'esclavage, et ils s'en sont abstenus dans la mesure du possible. Leur conscience du droit humain s'est constamment manifestée et leurs méthodes coloniales, qui les apparentent une fois de plus à leurs frères de race, les Français, se sont toujours inspirées de ce principe, que c'est par la persuasion beaucoup plus que par les menaces que l'on peut obtenir du travail utile de l'indigène (2).

C'est beaucoup plus, en effet, nous l'avons vu notamment pour la Somalie, dans le rapprochement des intérêts privés et par une juste rému-

---

(1) LEROY-BEAULIEU, *La colonisation chez les peuples modernes*.

(2) Cfr. G. GUYOT, *op. cit.*, p. 76.

V. également discours du colonel Thys et de M. Chailley-Bert aux sessions de Bruxelles et de Berlin, de l'Institut colonial international et GIRAUD, *Principes de colonisation*, t. II, p. 449.

nération de son travail, qu'ils ont cherché à amener l'indigène à renoncer en partie au moins à ses habitudes de paresse ; c'est beaucoup plus par l'exemple et la persuasion qu'ils ont pu réussir aussi brillamment qu'en Somalie à secouer son antique indolence, en éveillant son intérêt légitime, et à transformer sa mentalité économique et sociale au point de l'inciter à renoncer à ses migrations perpétuelles et à abandonner les procédés de culture archaïques en usage dans le Bénadir et signalés il y a vingt ans par le Gouverneur Cerrina Feroni (1), pour adopter les plus modernes, les machines agricoles y comprises. Nous sommes évidemment déjà loin de l'époque où la population de Mogadiscio marquait sa stupeur devant ce spectacle inédit pour elle : un char traîné par un bœuf !

Nous trouvons donc à l'origine de cette heureuse évolution, qui a d'ailleurs démontré l'inutilité des mesures répressives alors préconisées contre les affranchis par le Gouverneur Cerrina, avec le perfectionnement des méthodes culturales, la fixation de salaires rémunérateurs et la participation des indigènes aux produits des récoltes.

---

(1) Cerrina Feroni, *Il Benadir*, Rapport au Ministre des Affaires étrangères, 1905.

La situation favorable actuelle sera-t-elle maintenue lors de l'exploitation intensive que font prévoir la création de nombreuses entreprises nouvelles et le projet de barrage du Juba ? Il est très probable que les ressources locales deviendront alors rapidement insuffisantes et nous avons déjà répondu à cette question, qui ne laisse pas d'être inquiétante.

Que le recours à l'immigration de coolies asiatiques et en premier lieu de travailleurs des régions ou colonies voisines s'impose alors, c'est possible et même probable, selon nous, et nous estimons que l'Italie se trouverait alors obligée d'envisager le régime éventuel de cette main-d'œuvre spéciale dans des conditions analogues à celles des grandes Puissances coloniales dans leurs possessions respectives, mais nous avons la conviction qu'elle ne se résoudra à appliquer des méthodes de contrainte, si contraires au génie latin, que par absolue nécessité.

En attendant, il s'agit de tirer le meilleur parti des ressources locales. Le Gouvernement colonial de la Somalie, que nous prenons encore comme exemple, en raison des difficultés plus grandes rencontrées dans cette colonie, dont la population restreinte est particulièrement exposée aux conséquences d'un climat pénible et d'anciennes habitudes d'hygiène déplorables, a compris que le seul moyen de maintenir ses ressources au niveau actuel et d'en augmenter l'importance future consistait à organiser sérieusement l'assistance sanitaire et à créer de nombreux dispensaires médicaux. Les dispositions législatives adoptées à cet effet ne poursuivent pas seulement un but économique, mais s'inspirent également de hautes considérations humanitaires et contribueront certainement à l'amélioration nécessaire de la race.

De son côté, le Duc des Abruzzes, obéissant aux mêmes considérations, a fondé dans son entreprise un remarquable orphelinat pour les petits indigènes abandonnés. Les enfants y sont soignés et élevés, et bénéficient d'une instruction professionnelle, qui fait de cette institution une pépinière précieuse d'excellents ouvriers agricoles pour la Société Italo-Somala, au même titre que les établissements ambulants analogues et de plus en plus nombreux que s'occupe de créer le Gouvernement de Mogadiscio pour former un noyau de main-d'œuvre spécialisée.

Dans le domaine de la Prévoyance sociale et des assurances contre les accidents du travail, que faut-il penser de la législation introduite par l'Italie dans ses colonies ? Au premier abord, ses dispositions nous paraissent incomplètes et insuffisantes ; mais ce serait faire preuve d'une singulière ignorance de la question que de s'en tenir à cette première impression et de faire abstraction des différences essentielles qui séparent à ce point de vue, non seulement les métropoles de leurs possessions d'outre-mer, mais ces possessions entre elles (1).

---

(1) La question de l'opportunité de l'extension totale aux colonies de la législation métropolitaine du travail, que leur industrialisation progressive rend infiniment probable, a fait et fait encore l'objet de nombreuses préoccupations en France. M. J.-L. Gheerbrandt, ancien avocat à la Cour, directeur de l'Institut colonial français, vient de s'efforcer d'y répondre dans une intéressante brochure où, retraçant l'histoire des efforts déjà accomplis dans cette voie, il montre que l'application imminente de la loi de 1898 aux Antilles et à la Réunion, constitue un premier stade de réalisation dans nos France d'outre-mer.

La même question se pose actuellement pour l'Indochine, où un mouvement se dessine en faveur de la mise en vigueur, avec des réserves dictées par la prudence, de la loi de 1898. La Chambre de Commerce de Saïgon, sur rapport de M. Guermeur, avocat-défenseur dans cette ville, en saisit une Commission d'études, qui aboutit à la conclusion suivante :

« La Commission a étudié tous les problèmes que pose, à son avis, l'application en Indochine d'une législation des accidents du travail. Ils sont nombreux et soulèvent, en dehors des questions d'organisation générale, des questions spéciales de l'organisation du travail. Aussi la Commission suggère-t-elle qu'il conviendrait peut-être de faire un travail d'ensemble réglementant non seulement les accidents du travail, mais l'organisation du travail. »

Il serait souverainement imprudent, surtout dans les colonies d'exploitation proprement dites, à population très hétérogène et parfois parvenue respectivement à un développement social et économique très variable, d'appliquer, sans les étapes et les tempéraments nécessaires, des textes conçus à l'usage de la Mère Patrie, où ils n'ont d'ailleurs pas toujours atteint leur plein effet, ou sont encore sujets à remaniements au fur et à mesure des leçons de l'expérience.

Par exemple l'assurance contre les accidents du travail, avec toutes ses bienfaisantes conséquences, ne peut être rendue générale et obligatoire du jour au lendemain, sans jeter la perturbation sociale et économique dans des régions lointaines, où la vie humaine n'a qu'une valeur très relative, et dont les habitants, presque sauvages hier, commencent à peine à renon-

De son côté, M. Guermeur concluait ainsi :

« Il semble bien que le moment est venu pour l'Indochine de prendre une décision. Cette législation spéciale sur les accidents du travail est tellement entrée aujourd'hui dans nos mœurs qu'elle est considérée comme faisant partie du programme social et humanitaire que la France a le devoir de développer dans les territoires qu'elle gouverne ou administre. Tôt ou tard, elle s'imposera aux colonies qui y résistent. La première de ces colonies en importance et en richesse, l'Indochine, ne doit-elle pas, la première, donner l'exemple du progrès et du devoir social. »

cer au pillage, au vol et à l'assassinat, pour s'acheminer lentement vers une existence paisible et de travail régulier (1). La différenciation et la temporisation dont fait preuve l'Italie à cet égard, dans ses colonies, malgré les dispositions généreuses dont elle est incontestablement animée, nous paraît marquée au sceau de la plus élémentaire sagesse.

Quant à la législation métropolitaine sur les assurances sociales contre la vieillesse et l'invalidité, étendue à la Libye seulement, et dont l'application, nous l'avons vu, y est différée jusqu'à nouvel ordre, les mêmes raisons militent en faveur d'une grande prudence et on ne saurait en tout cas envisager son extension à l'Érythrée et à la Somalie, sans risquer un véritable saut dans l'inconnu, du moins en ce qui concerne les indigènes. Il nous faut pourtant

---

(1) Cfr. également la lettre adressée le 25 décembre 1925 à l'Institut colonial français par le président de la Chambre de Commerce de Saïgon, dans laquelle nous relevons l'intéressant passage suivant :

« Ainsi que vous pourrez vous en rendre compte, l'application de la loi sur les accidents du travail nécessite le règlement préalable de nombreuses questions. Il semble bien, d'ores et déjà, que, comme le suggérait l'Institut, il conviendrait d'étudier un texte spécial adapté aux conditions particulières de l'organisation du travail en Indochine plutôt que d'adopter la législation métropolitaine, même avec des modifications. »

14

constater l'inexistence d'une telle législation protectrice à l'égard des ouvriers de race blanche, lacune regrettable que nous souhaitons voir combler rapidement.

Il nous semble en effet désirable que le bénéfice de cette législation soit accordée aux ouvriers italiens, et naturellement aux Européens ou assimilés, non seulement, comme actuellement, en Libye, mais dans toutes les colonies italiennes, y compris celles de la mer Rouge et de l'Océan Indien, où les risques encourus par la main-d'œuvre blanche la justifient certainement davantage.

En pratique les immigrants italiens et étrangers, d'ailleurs relativement peu nombreux et tous pourvus obligatoirement d'un contrat de travail ou disposant de ressources personnelles, n'ont jusqu'à présent guère souffert de cette lacune ; mais la question se poserait sérieusement si, conformément aux prévisions, les grands travaux en cours ou en projet intensifiaient l'essor agricole et industriel de ces colonies, au point d'obliger le Gouvernement à remédier à l'insuffisance de la main-d'œuvre locale par l'importation de nombreux travailleurs.

Quoi qu'il en soit et tenu compte des conditions sociales, politiques et économiques respectives de chaque colonie, la réglementation en vigueur répond brillamment aux nécessités actuelles ; le législateur ne la tient pas pour définitive, mais comme une simple étape de l'organisation du travail, et saura l'adapter progressivement à l'évolution parallèle de l'œuvre de colonisation et de la mentalité indigène.

APPENDICE (1)

Passeports coloniaux .

Décret royal du 3 avril 1913, n° 313.

ART. 10. — Aucun passeport ne peut être délivré pour la Libye, à moins que le postulant
n'apporte à l'autorité compétente la preuve
qu'il a effectué le dépôt d'une somme équivalant
aux frais de son rapatriement éventuel.

ART. 13. — Les passagers voyageant en groupe ne sont autorisés à débarquer pour quelque
motif que ce soit dans les ports lybiens, sans une
autorisation expresse du Ministère des Colonies.
Ce règlement n'est pas applicable aux travailleurs à destination de la Libye, qui voyagent
en groupe pour bénéficier de certaines facilités
spéciales ou pour des raisons analogues.

ART. 19. — Sont dispensés du passeport colo-

____

(1) Traduction de l'auteur.

nial les individus dont le travail est assuré à l'avance en Libye et qui peuvent justifier que les entreprises qui les ont engagés ont accepté de garantir les frais éventuels de leur rapatriement, même en cas d'expulsion de la colonie.

N.-B. — Les dispositions du présent décret ont été reproduites intégralement dans le décret royal du 23 décembre 1923, n° 3230, qui réglemente la délivrance des passeports coloniaux pour la Somalie et pour l'Érythrée. Un décret postérieur en date du 11 juin 1925, n° 1251 les étend également au Transjuba.

La pêche dans les eaux libyennes.

Décret royal du 22 novembre 1925, n° 2273, modifiant le titre VI du décret royal du 27 mars 1913, n° 312, sur la pêche maritime dans les eaux libyennes.

ART. 22. — Le contrat d'engagement doit être rédigé conformément aux prescriptions de l'article 522 du Code de commerce (1), quelle

---

(1) Art. 522 du Code de commerce. — Le contrat d'engagement doit être passé par écrit en présence de l'administrateur local de la marine royale, et de l'offi-

que soit la jauge du navire déclaré. Les avances
sur les gratifications stipulées pour la campagne
entière ne devront être versées qu'après signature du contrat et ne pourront excéder le montant de deux mensualités. Celles qui suivront ne
devront pas dépasser le montant d'une mensua-
lité pour chaque mois écoulé depuis le jour de
l'engagement. Toute avance devra faire l'objet
d'un reçu en règle. A la fin de chaque campagne le relevé des éponges pêchées journelle-
ment par chaque scaphandrier devra être communiqué à l'autorité maritime.

Art. 23. — Les scaphandriers, pour être autorisés à exercer la pêche des éponges sur les fonds
des côtes libyennes, devront justifier au préalable d'un apprentissage spécial de deux ans
au minimum.

---

cier consulaire en pays étranger, et doit être transcrit
sur les registres du bureau et dans le journal nautique.
En tout cas, le contrat doit être signé par le capitaine et
par l'engagé, et, si ce dernier ne peut ou ne sait pas
écrire, par deux témoins. Les conventions pour lesquelles ces formalités n'auront pas été observées seront
nulles de plein droit. En sont dispensés les contrats concernant les navires et les voyages indiqués à l'article 501
(navires d'une jauge inférieure à 50 tonneaux, ou qui
exercent la pêche sur les côtes italiennes, algériennes et
tunisiennes). Dans ces cas les mentions portées sur le
livre de bord tiennent lieu de contrat d'engagement.

Art. 26. — Le permis de pêche des éponges ne sera délivré aux bateaux étrangers que sur autorisation préalable du Ministère des Colonies, d'accord avec le Ministère des Affaires étrangères.

Art. 33. — Le service, le repos hebdomadaire des scaphandriers et des pêcheurs d'éponges en général, et les règlements relatifs aux précautions à prendre contre les accidents qui peuvent survenir au cours des plongées, sont l'objet de dispositions spéciales, soumises à l'approbation du Ministère des Colonies par décret (1).

Décret royal du 27 mars 1913, n° 319.

Art. 10. — Pour la pêche des éponges l'état sanitaire de l'équipage doit être également à jour dans le journal de pêche.

---

(1) Le décret royal du 27 mars 1913 réglementant la pêche des éponges en Tripolitaine et en Cyrénaïque a été sensiblement modifié par le décret ci-dessus et par ceux du 27 novembre 1919, n° 2391, du 21 novembre 1920, n° 1712 et 15 juillet 1923, n° 177. Nous reproduisons seulement dans le texte les dispositions se rapportant plus spécialement aux questions traitées dans le chapitre relatif à la main-d'œuvre dans l'industrie de la pêche. Les décrets réglementant la pêche en Libye seront réunis dans un seul texte.

Décret du Gouverneur de l'Érythrée
du 23 janvier 1903, n° 181.

Article premier. — Tous les indigènes qui ont l'intention d'exercer le métier de journalier dans les industries ou entreprises dirigées par des Européens ou assimilés doivent se faire délivrer un livret individuel par l'autorité locale.

Art. 2. — Au moment de l'engagement d'un journalier par un entrepreneur européen ou assimilé, celui-ci doit mentionner sur le livret de travail la date de l'engagement, la nature et la durée du travail, le salaire journalier, les jours de paye et les autres conditions du contrat. Ces indications seront signées en présence d'une autorité italienne civile ou militaire, y compris les membres du corps des carabiniers royaux, ou en présence d'un délégué de ces autorités. Le salaire sera fixé d'une manière invariable et sera payable au comptant et à des intervalles de quinze jours au maximum. Si l'ouvrier le demande, le salaire pourra être acquitté partiellement en nature, mais les denrées devront alors être estimées à prix coûtant et dûment vérifiées.

Art. 4. — L'entrepreneur sera fondé à retenir

la moitié du montant du salaire de la première quinzaine, pour se garantir contre l'inexécution éventuelle par l'ouvrier de ses obligations. Au cas d'exécution régulière du contrat par celui-ci, cette retenue devra lui être immédiatement remboursée.

Art. 5. — Il est interdit au journalier d'abandonner subitement le travail pour lequel il a été engagé. S'il a l'intention de le faire avant le terme fixé au contrat, il est tenu d'observer un délai de prévenance d'une semaine, sous peine de perdre la retenue mentionnée à l'article 4. Toutefois, il est fondé à abandonner son travail à tout moment, au cas où l'entrepreneur se refuserait à porter régulièrement sur son livret les mentions prescrites.

De même l'entrepreneur ne pourra congédier l'engagé sans justes motifs ni sans observer le délai de prévenance ci-dessus indiqué. Toutefois, il aura la faculté de le faire à tout moment pendant la première semaine, si celui-ci fait preuve d'incapacité ou de paresse notoires, à la condition de lui verser intégralement le montant du salaire correspondant aux journées de travail effectivement fournies. Il sera fait mention du préavis et de la résiliation sur le livret, avec indication de la date.

Art. 6. — L'entrepreneur pourra appliquer des amendes pour les fautes commises au cours du travail, sans qu'elles puissent excéder la moitié du salaire journalier, estimé sur la base du dixième du salaire total de la quinzaine. Avis devra en être donné immédiatement à l'intéressé et mention faite sur le livret.

Art. 7. — Dans les contrats d'entreprise de travaux et de fournitures publics, sera obligatoirement stipulée la clause suivant laquelle l'entrepreneur sera toujours responsable du paiement exact et intégral des salaires aux ouvriers. En cas de défaut ou de retard de paiement des salaires, l'Administration sera fondée à y procéder elle-même, d'après les indications portées au livret de travail, et en retenant le montant sur les sommes dues à l'entrepreneur, qui sera en outre frappé d'une amende égale au dixième de ce montant.

Art. 8. — Dans cet article est prévue et réglementée l'expulsion, de la colonie, de l'entrepreneur ou de l'indigène qui seraient manifestement convaincus d'inexécution habituelle des contrats de travail. Les indigènes de la colonie sont frappés des peines prévues par le droit coutumier de leur tribu respective et l'application en est confiée aux chefs de tribus. Si l'infraction constatée est susceptible d'être qualifiée crime, le Code pénal pour l'Érythrée est applicable aux ouvriers comme aux patrons.

———

Décret royal du 25 mai 1913, n° 668, approuvant les dispositions relatives aux accidents du travail en Tripolitaine et en Cyrénaïque.

ART. 5. — Les dispositions du présent décret concernant les travailleurs italiens sont applicables aux citoyens italiens comme aux citoyens étrangers ; celles concernant les travailleurs indigènes, sont également applicables aux sujets italiens comme aux sujets étrangers,

ART. 7. — Concernant les travailleurs italiens, l'assurance est obligatoire dans les conditions fixées par la loi et le règlement.

ART. 9. — Les dispositions du présent décret sont applicables aux travailleurs indigènes employés dans les entreprises ou aux travaux indiqués à l'article premier de la loi, quand le nombres des ouvriers employés est supérieur à vingt, conformément à l'article 17 ci-dessous.

Art. 10. — L'assurance contre les accidents
du travail est obligatoire pour les travailleurs
indigènes dans les conditions du présent article
pour les cas d'accidents entraînant la mort, l'incapacité permanente absolue, ou bien l'incapacité permanente partielle, quand cette dernière
diminue de moitié au moins l'aptitude de l'ouvrier au travail, ou en cas de perte totale de la
vue.

Art. 11. — En cas d'accident quelconque
ayant entraîné une incapacité d'une durée supérieure à cinq jours, l'entrepreneur est tenu de
pourvoir aux soins immédiats et de fournir ultérieurement l'assistance médicale et pharmaceu-
tique jusqu'à guérison chirurgicale et pendant
un délai maximum de trois mois à dater de l'accident. Après ce délai, les sommes versées par le
patron lui seraient remboursées dans la mesure
strictement nécessaire sur l'indemnité éventuelle accordée à l'ouvrier, conformément aux
articles ci-dessus. Est assimilé à l'ouvrier, l'ap-
prenti indigène qui contribue à l'exécution du
travail moyennant rétribution.

Art. 17. — Pour l'appréciation du nombre
minimum d'ouvriers prescrit, on fait entrer en
ligne de compte les indigènes et les italiens.

BIBLIOGRAPHIE

Textes et documents officiels.

Bulletins et journaux officiels des quatre colonies italiennes.

Bulletin du Bureau central italien de statistique.

Bolletino della Emigrazione. — Publication du Commissariat général de l'Émigration.

Déclarations de Sir AUSTEN CHAMBERLAIN à la séance de la Chambre des Communes du 2 août 1926.

Gazzetta ufficiale del Regno.

Décret du 25 mars 1903 relatif au régime de la main-d'œuvre en Érythrée et à la création du livret ouvrier.

Décret du Gouverneur de l'Érythrée réglementant les conditions de débarquement et de circulation des immigrants (1908).

Décret royal du 31 janvier 1909, n° 378, réglementant le régime foncier en Érythrée.

Décret royal du 8 juin 1911 fixant le régime des concessions des terres disponibles en Érythrée.

Décret royal du 9 janvier 1913, n° 39, relatif à la division administrative de la Tripolitaine et de la Cyrénaïque.

Décret royal du 27 février 1913, no 312, modifié
par celui du 22 novembre 1925, no 2273, sur la
réglementation de la pêche des éponges en Libye.

Décret royal du 20 mars 1913, no 239, relatif à l'organisation judiciaire pour la Libye.

Décret royal du 3 avril 1913, no 313, relatif au régime des passeports coloniaux en Libye.

Décret royal du 25 mai 1913, no 668, étendant à la
Libye la loi italienne sur les accidents du travail.

Décret du Gouverneur de l'Érythrée du 26 mars
1918, no 794, relatif au régime des salines et des
carrières.

Décret ministériel du 4 juin 1913, approuvant l'instruction pour l'exercice de la profession de scaphandrier.

Décret-loi royal du 1er juin 1919, no 931, promulguant le Statut de la Tripolitaine.

Décret-loi royal du 31 octobre 1919, no 2401, relatif
à l'organisation politique et administrative de la
Cyrénaïque.

Décret du Gouverneur de la Tripolitaine relatif à
la liberté du trafic et à l'introduction en franchise
du natron en Italie (1921).

Décret du 10 avril 1921 fixant les secours spéciaux
à allouer aux pêcheurs d'éponges de Libye en cas
d'accident.

Décret royal du 3 juillet 1921, no 1207, confirmant
et consolidant les droits fonciers en Tripolitaine
et en Cyrénaïque.

Décret royal du 5 février 1922, no 368, promulguant
le projet approuvé par le Parlement local, relatif
à l'organisation scolaire de la Cyrénaïque.

Décret ministériel relatif à l'organisation de l'instruction primaire et des écoles secondaires en Libye (septembre 1922).

Décret du 23 octobre 1922 relatif à l'introduction du livret ouvrier en Érythrée.

Décret du Gouverneur de la Tripolitaine du 10 février 1923, série A, n° 132, réglementant les concessions en général.

Décret du Gouverneur de la Tripolitaine du 27 novembre 1923, série A, n°.1201, fixant les bases du régime des concessions des terrains sablonneux.

Décret du Gouverneur de la Tripolitaine du 27 novembre 1923, série A, n° 1202, relatif à la dévolution en concession des biens du domaine patrimonial.

Décret royal du 23 décembre 1923, n° 3230, relatif au régime des passeports coloniaux en Somalie et en Érythrée.

Loi du 24 mai 1913 relative à l'organisation politique et administrative de l'Érythrée.

Loi du 5 avril 1908, n° 161, instituant un Office de Gouvernement.

Loi italienne du 3 avril 1926, n° 563, sur les contrats collectifs.

Décret français du 17 septembre 1900 sur les contrats collectifs.

Ministero delle Colonie :

Bolletino ufficiale.

Bollettino d'informazioni economiche.

Notizie generali sulle colonie italiane.

Statistica del commercio delle colonie italiane.

BODRERO : *Il problema tributario della Somalia,* 1906.

Dott. PROVENZALE G. : *L'allevamento del bestiame in Somalia,* 1914.

CIAMARRA G. : *La giustizia in Somalia*, 1916.

Sén. DE MARTINO : *La Somalia nei tre anni del mio governo*, 1922.

CARNIGLIA G.-B. : Campagna esplorativa di pesca nel Mar Rosso. *Bollettino d'informazioni*, 1923.

Irrigazione della pianura di Tessenei, 1924.

Royaume d'Italie. L'instruction publique en Libye de 1912 à 1923. Rome, 1914. Communication faite à la Session de l'Institut colonial international tenue à Rome en avril 1924.

Ministero degli esteri. — MARTINI F. : *Relazione sulla colonia Eritrea*, 1905.

Ministère des Affaires étrangères. — Communiqué du 5 juillet 1926. Déclarations du baron AVEZZANA, Ambassadeur d'Italie, à M. BRIAND.

Ministère de l'Intérieur. — Recensement de la population française en mars 1926. *Journal officiel* du 28 décembre 1926.

Raccolta ufficiale delle legi e decreti del Regno.

CERRINA FERONI : Il Benadir. Rapport au Ministero degli esteri, 1905.

COLOSIMO. — Rapport au Parlement italien, relatif à l'application de la loi italienne sur les accidents du travail aux travailleurs libyques recrutés pendant la guerre pour les usines Ansaldo.

Rapport de la Caisse d'Épargne de Tripolitaine pour l'exercice 1924.

Rapport pour 1926 de M. DAVIS, Ministre du Travail des États-Unis, relatif à l'immigration.

BOSELLI. — Rapport au Sénat italien du projet de loi sur les contrats collectifs.

Comte DE VECHI DI VAL CISMON, Gouverneur de la

Somalie. Rapport préparatoire du budget de la Somalie pour l'exercice 1926-1927.

Statistiques des douanes de l'Érythrée de 1916 à 1919.

Statistiques de l'Office agricole de Tripoli.

Convention entre le Gouvernement italien et la Compagnie de navigation Rubbattino (juillet 1882).

Conventions entre l'Italie et les sultans de Zanzibar et de la Somalie septentrionale relatives au port de Bénadir et à la Côte des Somalis (mai 1885).

Traité d'Ucciali entre l'Italie et l'Abyssinie (1889).

Convention de délimitation entre l'Italie et l'Angleterre relative à leurs zones respectives en Somalie (1892).

Convention entre le Gouvernement italien et la Compagnie Filonardi relative aux ports de Brava, Merca, Mogadiscio et Uarsciech, sur la Côte des Somalis (1893).

Convention entre l'Italie et le sultan de Zanzibar relative au rachat par les ports de la Somalie du tribut annuel (1896).

Traité d'Addis-Ababa entre l'Italie et l'Abyssinie (26 octobre 1896).

Traité de Lausanne (18 octobre 1912).

Traité de Londres (26 avril 1915).

Accord franco-italien relatif à la délimitation des frontières nord-africaines (1919).

Convention entre l'Italie et l'Angleterre relative à la cession du Jubaland, en exécution de l'article 13 du Traité de Londres (1926).

Traité italo-égyptien fixant la frontière définitive entre la Cyrénaïque et l'Égypte (9 novembre 1926).

Traité italo-allemand de conciliation et d'arbitrage
(29 décembre 1926).

WADDINGTON. — Instructions au Marquis DE
NOAILLES, Ambassadeur à Rome.

Dott. ZUCCO. — Note sur le natron en Tripolitaine,
publiée dans le *Bulletin d'informations économiques du Ministero delle Colonie*, 1923, et
L'industria della pesca in Eritrea. Rome, Biblio
thèque de l'État, 1925.

Congrès, Revues, Journaux, discours, interviews, etc...

A. — ITALIENS

L'Africa italiana. Societa africana d'Italia. Naples.

L'Agricoltura coloniale. Istituto agricolo coloniale
italiano. Florence.

Procès-verbal des délibérations du Congrès National de Trieste pour l'expansion économique et
commerciale de l'Italie (novembre 1923). Vœu
relatif à la fixation de la main-d'œuvre indigène
en Somalie.

COLUCCI. — Article relatif à la population et à la
colonisation de la Somalie. *Idea coloniale* n° 4,
octobre 1924, etc...

Procès-verbal des délibérations du premier Congrès
oléicole colonial de Tripoli (1924), relatif à l'avenir de la culture de l'olivier en Tripolitaine.

FRANCESCO COPPOLA. — Ancien délégué de l'Italie
à la Société des Nations. *La Tribuna* du 4 jan
vier 1926.

Roberto Cantalupo, Sous-Secrétaire d'Etat aux Colonies. — Interview publiée dans le *Popolo d'Italia* du 2 février 1926.

A. Dardano. — *L'Idea coloniale* n° 7, 1924.

Comm. Gasperini, Gouverneur de l'Érythrée. — Interview du *Giornale d'Italia* du 7 octobre 1926. *L'Idea coloniale*, Rome. — Politique hebdomadaire. *L'Impero* du 20 mars 1926.

Dott. Leone G. — L'olivicoltura in Tunisia ed in Tripolitania. *L'Agricoltura coloniale*, 1924, n° 1.

Le Lavoro d'Italia. — Commentaires du 15 novembre 1926, sur les mandats coloniaux.

Dott. Guido Mangano. — Articles relatifs aux ressources agricoles du Transjuba et de la Somalie. *L'Idea coloniale* du 2 août 1924, etc...

Comm. Nobili Massuero. — Discours prononcé le 21 avril 1926 à Tripoli.

La Milizia Italica.

Rivista d'oriente e colonie, Bologne.

Rivista coloniale, Rome. Istituto coloniale italiano.

Pio barone Scerni. — *La pesca delle spugne in Libia.*

Rivista d'oriente et colonie, Bologne, 1924, n° 5.

Rapport du Conseil d'administration de la Société Italo-Somala pour 1924.

Il Regno du 2 juin 1925.

La Somalia italiana, n° 4. *Mogadiscio.*

Prof. Saccardo D. — Etude sur les cultures industrielles en Érythrée. *L'Idea coloniale* du 25 juillet 1925.

Marquis Théodoli. — Ancien Sous-Secrétaire d'Etat aux Colonies, Président de la Commission des mandats de la Société des Nations. Allocution à la séance d'ouverture de la dixième session.

B. — FRANÇAIS ET ÉTRANGERS

AKCHAM. — *Journal turc de Constantinople*. Interview de M. MUSSOLINI, relative au problème démographique italien (juin 1926).

BERTHOD, Député du Jura. — Discours prononcé au cours de la discussion du budget des Affaires étrangères (*Journal officiel* du 30 novembre 1926).

CHAILLEY-BERT. — Discours aux sessions de Bruxelles et de Berlin de l'Institut colonial international.

ERIO PAUL. — « Nos frontières sont-elles suffisamment surveillées ? » *Le Journal* du 19 novembre 1926.

FIDEL CAMILLE. — « La Journée coloniale italienne du 21 avril », *Mer et colonies* de juillet 1926.

GUERMEUR. — Rapport à la Chambre de Commerce de Saïgon sur l'application en Indochine de la loi de 1898 sur les accidents du travail, 1926.

Lettre adressée le 25 décembre 1925 à l'Institut colonial français par le Président de la Chambre de Commerce de Saïgon, relativement à l'application en Indochine de la loi de 1898 sur les accidents du travail. Institut colonial français.

Deutsche Allgemeine Zeitung du 15 novembre 1926. — Interview de M. MUSSOLINI.

KERORMEL G. — L'industrie de la cellulose, *Sciences et Voyages* du 22 avril 1926.

L'Eclair et La Liberté du 25 avril 1926. — Interview de M. MUSSOLINI.

LUCIEN ROMIER. — L'Italie et la mer, *Le Figaro* du 14 avril 1926.

Jules Sauerwein. — Interview de M. Mussolini, *Le Matin* du 15 novembre 1926.

Colonel Thys. — Discours aux sessions de Bruxelles et de Berlin de l'Institut colonial international.

Agence d'Informations « La Transalpine ». — Communiqué du 26 octobre 1926.

United Press, de New-York. — Interview de M. Mussolini.

Maurice de Waleffe. — La France en Tunisie et la colonie italienne, *Le Journal* du 3 mai 1926.

Weiss E. — L'utilisation de l'alfa, *Sciences et Voyages* du 29 avril 1926.

Ouvrages.

Ouvrages italiens

D'Agostino Orsini di Camerota P. — *La nostra economia coloniale*, Salerne, 1923.

Bassi F. — *La zone d'influenza. Istituto coloniale italiano*, 1921, Rome.

Dott. Bassi. — *I parlamenti libici*, Modène, 1924.

Dalmazzo G. — *La viticoltura in Cirenaica*, Benghazy, 1925.

Franchetti. — *Mission en Tripolitaine, Il gebel*, 1913, Milan.

Société pour l'étude de la Tripolitaine.

Prof. Mangini A. — *Relazione sull'attivita dell' Ufficio per i servizi agrari della Cirenaica*, Benghazy, 1922 ; et *Relazione sull'attivita dell'Ufficio dei servizi agrari della Cirenaica e considerazioni sul problema della valorizzazione agricole della colonia*, Benghazy, 1924.

DE MARTINO J. — *La Somalia ini tre anni del mio governo*, Rome, 1922.

MAZZOCHI ALEMANNI. — *Della nostra emigrazione in rapporto alla valorizzazione delle colonie di diretto dominio*, Florence, 1921.

MINUTELLI F. — *La Tripolitania*, Bocca, éd., 1912, Turin.

MONDAINI G. — *Manuale di legislazione coloniale italiana*, Rome, Sampaolesi, 1924.

MORI A. — *Manuale di legislazione della colonia Eritrea*, Rome, Ministero delle Colonie ; et *Manuale di legislazione della Somalia*. Dito.

OMODEO A., PEGLION V., et VALENSIN G. — *La colonia Eritrea. Condizioni e problemi*, Rome, 1913.

ONOR (R.) — *La Somalia italiana*, Turin, Bocca, 1925. *Gli ordinamenti scolastici delle colonie italiane*, Rome, 1922.

SCASSELLATI-SFOZZOLINI G. — *La Società agricola italo-somala in Somalia*, Florence, Istituto agricolo coloniale italiano, 1926.

STEFANINI. — *I possedimenti italiani*, Florence, Bemporad, 1924.

Dott. TERLIZZI L. — *Norme e consigli per la coltivazione della vite in Cirenaica*, Benghazy, 1924.

TOFFOLETTO A. — *Disciplina giuridica dei rapporti collettivi del lavoro*, Milan, 1926. Pirola, éd.

VALENSIN G. — *Note sulla colonizzazione in Tripolitania*, Florence, 1925.

BIBLIOGRAPHIE 233

OUVRAGES FRANÇAIS

UN AFRICAIN. — *Manuel de politique musulmane,* Paris, 1924.

HENRI BÉRAUD. — *L'Allemagne telle que je l'ai vue.* Éditions de France, 1926.

ARTHUR GIRAUD. — *Principes de colonisation et de législation coloniale,* Paris, 1907.

GHEERBRANDT J.-L. — Brochure sur *L'application de la loi de 1898 sur les accidents du travail aux colonies.* Institut colonial français, 1926.

GEORGES GUYOT. — *Le problème de la main-d'œuvre dans les colonies d'exploitation. La côte est de Sumatra.* 1910. Librairie maritime et coloniale, Paris, 17, rue Jacob.

LEROY-BEAULIEU. — *La colonisation chez les peuples modernes,* Paris, 1908.

Cartographie.

Tripolitania Settentrionale. — Ministero delle colonie. Direzione generale degli Affari Politici. Ufficio cartografico. Terza edizione provisoria. N. 635, 1922. Fotolitografia del Ministero delle Colonie. Propriété réservée. Echelle 1 : 1.500.000.

Cirenaica e regioni adiacenti. — Dito. Seconda edizione provvisoria. N. 639, 1922.

Carta Politico Amministrativa della colonia Eritrea. Dito. Seconda ristampa. N. 633, 1922.

Somalia e Paesi Limitrofi. — Dito. N. 491, 1918. Echelle 1 : 4.000.000.

TABLE DES MATIÈRES

DEUXIÈME PARTIE

La main-d'œuvre

ORLÉANS. — IMP. H. TESSIER. — 1-27.